essentials

essentials liefern aktuelles Wissen in konzentrierter Form. Die Essenz dessen, worauf es als „State-of-the-Art" in der gegenwärtigen Fachdiskussion oder in der Praxis ankommt. *essentials* informieren schnell, unkompliziert und verständlich

- als Einführung in ein aktuelles Thema aus Ihrem Fachgebiet
- als Einstieg in ein für Sie noch unbekanntes Themenfeld
- als Einblick, um zum Thema mitreden zu können

Die Bücher in elektronischer und gedruckter Form bringen das Expertenwissen von Springer-Fachautoren kompakt zur Darstellung. Sie sind besonders für die Nutzung als eBook auf Tablet-PCs, eBook-Readern und Smartphones geeignet. *essentials:* Wissensbausteine aus den Wirtschafts-, Sozial- und Geisteswissenschaften, aus Technik und Naturwissenschaften sowie aus Medizin, Psychologie und Gesundheitsberufen. Von renommierten Autoren aller Springer-Verlagsmarken.

Weitere Bände in der Reihe http://www.springer.com/series/13088

Claudia Schneider · Birgit Schenk ·
Stefan Kraus

Start-Up Städtischer Bauhof

Mit e-Services und agilen Strukturen auf dem Weg in die digitale, kommunale Zukunft

Prof. Dr. Claudia Schneider
Hochschule für öffentliche Verwaltung
und Finanzen Ludwigsburg
Ludwigsburg, Deutschland

Prof. Dr. Birgit Schenk
Hochschule für öffentliche Verwaltung
und Finanzen Ludwigsburg
Ludwigsburg, Deutschland

Stefan Kraus
Stadt Herrenberg Amt für Technik
Umwelt und Grün
Herrenberg, Deutschland

ISSN 2197-6708 ISSN 2197-6716 (electronic)
essentials
ISBN 978-3-658-29463-2 ISBN 978-3-658-29464-9 (eBook)
https://doi.org/10.1007/978-3-658-29464-9

Die Deutsche Nationalbibliothek verzeichnet diese Publikation in der Deutschen Nationalbibliografie; detaillierte bibliografische Daten sind im Internet über http://dnb.d-nb.de abrufbar.

Planung/Lektorat: Rolf-Guenther Hobbeling
Springer Gabler ist ein Imprint der eingetragenen Gesellschaft Springer Fachmedien Wiesbaden GmbH und ist ein Teil von Springer Nature.
Die Anschrift der Gesellschaft ist: Abraham-Lincoln-Str. 46, 65189 Wiesbaden, Germany

Was Sie in diesem *essential* finden können

- Den Weg der Transformation eines städtischen Bauhofs von einer klassischen Verwaltungseinheit in die Agilität
- Wie smarte Prozesse, agile Strukturen und motivierte Menschen ineinandergreifen und so eine Stadt voranbringen
- Wie Effektivität, Effizienz und Innovationskraft durch die Einführung der Selbstorganisation gesteigert werden
- Was getan werden muss, damit ein solches Organisationsentwicklungsvorhaben gelingen kann

Vorwort

Veränderungen in der öffentlichen Verwaltung bleiben oft stecken. An guten Absichten mangelt es dabei nicht. Aber es fehlen häufig Kenntnisse darüber, wie Veränderungsprozesse so gesteuert werden können, dass die beabsichtigten Neuerungen tatsächlich in die Welt kommen und dort auch anwachsen. Am Beispiel des Bauhofs der Stadtverwaltung Herrenberg zeigt dieses Buch, wie Geschäftsprozesse, Organisationsstrukturen und Menschen gleichermaßen verändert werden müssen, damit wirkliche Innovation eine Chance hat. Das Buch nimmt die Leser und Leserinnen mit in die neue Welt des Bauhofs, in der die Arbeiter sich selbst führen und auf der Basis ihrer Expertise die Digitalisierung vorantreiben. Es zeigt, wie neue e-Services entstehen, die das Leben und Arbeiten in der ganzen Stadt verändern. Wie neue Formen der Zusammenarbeit, Verantwortungsübernahme und kollegialen Leistungsbewertung dazu beitragen, die Arbeitgeberattraktivität zu steigern und die Personalentwicklung zu fördern. Und zwar dort, wo es für die öffentliche Verwaltung immer schwieriger wird, qualifiziertes Personal zu gewinnen. Im technischen Bereich bei geringen Entgeltgruppen. Das vorgestellte Vorgehen ist nicht nur für Bauhöfe geeignet. Es ist übertragbar auf viele Felder der öffentlichen Verwaltung und somit Blaupause für die digitale Transformation. Wir danken der Stadtverwaltung Herrenberg, die einem solchen zukunftsweisenden Vorhaben eine Chance gegeben hat. Indem sie bereit war, althergebrachte Strukturen und Prozesse radikal zu hinterfragen und den Mut hatte, Neues wirklich konsequent auszuprobieren.

Einleitung

Digitalisierung und Flexibilisierung sind die Herausforderungen der heutigen Arbeitswelt. Sie erfordern allerdings einen Organisationsumbau in größerem Maße. Denn Produkte und Dienstleistungen entstehen durch Arbeits- und Funktionsteilung. Aktivitäten werden durch Abstimmung koordiniert und gesteuert. Je mehr Beteiligte, desto mehr Organisation wird benötigt. Letztendlich wird aus dem anfänglichen Organisieren eine feste Struktur von Organisationseinheiten mit definiertem Aufbau, der in einem Organigramm dargestellt wird und in Abläufe und Prozesse, sowie in ein Regelwerk mündet. Alles ist auf den Zweck der Leistungserbringung – die Daseinsberechtigung der Organisation – ausgerichtet. Damit wird Kompliziertes handhabbar und die Organisation stellt eine zuverlässige Leistungserbringung sicher (Bernstein et. al 2016). Würden Organisationen für sich allein stehen – also ohne weitere Umfeldeinflüsse und -wechselwirkungen – könnten sie einmalig etabliert werden und dann unverändert bestehen bleiben. Dies gilt auch für die öffentliche Verwaltung. Doch stehen Organisationen immer in Wechselwirkungen mit ihrem Umfeld und mit Akteuren von außen. Verändern sich das Umfeld und/oder die Akteure, muss sich auch die Organisation anpassen, um zu überleben. Diese Flexibilitätsanforderungen haben in den letzten Jahren deutlich zugenommen. Die Berücksichtigung lokaler Bedürfnisse (z. B. kleinere Stückzahlen oder auch spezielle Produkte für Nischenmärkte), die Fähigkeit zum Umgang mit Mehrdeutigkeit und erhöhter Veränderungsdynamik sowie die Schaffung von Spielraum für Eigenverantwortung und dezentrale Entscheidungen angesichts veränderter Rahmenbedingungen bilden die agile Seite einer Organisation (Bernstein et. al 2016).

Moderne, hybride Organisationen können heute beides. Sie nutzen den hierarchischen Modus, um stabile und vorhersehbare Aufgaben abzuwickeln. In der klassischen Linienorganisation entwickeln und steuern sie Routinen und Prozesse, mit deren Hilfe Verlässlichkeit und Effizienz sichergestellt werden. Im agilen Modus werden dagegen dynamisch-komplexe Aufgaben angegangen. Der Fokus liegt hier auf dem mutigen Ausprobieren neuer Lösungen, auf Kreativität und Risikobereitschaft. Um beide Seiten – die hierarchische und die agile – bedienen zu können, werden neben der klassischen Linienhierarchie weitere Formen der Zusammenarbeit (z. B. agile Führung, Selbstführung, Projekte und virtuelle Teams, funktionsübergreifende Initiativen, Expertenfunktionen und interne Beratungseinheiten) etabliert (Janssen und Wagner 2019; Gehrckens 2016). Die Gestaltung von Anerkennungs- und Einkommenssystemen, die sich unmittelbar an der Qualität der Arbeit orientieren, eine Vergrößerung der Leitungsspannen und damit die Förderung von Selbstorganisation und Verantwortungsübernahme, ein stärkerer Fokus auf die Passung zwischen Person und Aufgabe sowie die Investition in Fort- und Weiterbildung sind dabei Variablen, die sich direkt auf die Innovationskraft einer Organisation auswirken (Bahcall 2019). Auch für die öffentliche Verwaltung ist die auf das Weber'sche Bürokratiemodell zurückzuführende Funktionsteilung nicht mehr die alleinige Antwort auf die Anforderungen einer sich schnell verändernden Umwelt. Mitarbeitende möchten ebenso mitdenken und mitbestimmen, Verantwortung übernehmen und (mit)entscheiden, wie Bürgerinnen und Bürger. Sie spüren: *„Problemlösung in leblosen Systemen funktioniert über Anweisung. Problemlösung in lebendigen Systemen erfordert Kommunikation.“* (Pfläging 2018, S. 17). Wo dies nicht möglich ist, kehren sie der Verwaltung den Rücken zu. Bürgerinnen und Bürger, indem sie wegziehen, Unternehmen, indem sie ihren Firmensitz verlagern, Mitarbeitende, indem sie ihren Arbeitgeber verlassen.

Mit dem Projekt „Zukunftsfähige Stadtverwaltung“ unter der Leitung der Autorinnen und der Hauptamtsleitung begleitet die Stadt Herrenberg seit Anfang 2017 ihren Weg in die Digitalisierung. Das Projekt begann mit einer umfangreichen Organisationsdiagnose in allen Ämtern. Diese brachte für das Amt für Technik, Umwelt und Grün (TUG), zu dem auch der städtische Bauhof gehört, ein eindeutiges Ergebnis. Ein größerer Teil der Mitarbeitenden des Bauhofs war mit der aktuellen Situation unzufrieden. Sie erhofften sich mehr Entwicklungsmöglichkeiten, sowohl in fachlicher als auch in persönlicher und monetärer Hinsicht. An sich waren diese Wünsche nicht neu. Die Organisationsdiagnose hat sie nur ans Licht gebracht. Doch wohin und wie kann eine solche Organisationseinheit verändert werden? Was ist zu beachten, wenn ein umfangreiches Veränderungsvorhaben in der öffentlichen Verwaltung erfolgreich sein soll? Wie lassen sich Scheitern und die unvollständige Umsetzung von Veränderungsschritten vermeiden? Auf diese und weitere Fragen wird im Folgenden eingegangen.

Inhaltsverzeichnis

1 Ursachen für das Scheitern von Veränderungsprozessen in der öffentlichen Verwaltung

Wandel und Veränderung sind seit langem eine Daueraufgabe in der öffentlichen Verwaltung. Mit der Welle des New Public Management wurden eine Reihe von neuen Steuerungsinstrumenten und -ansätzen implementiert (Schedler und Proeller 2011). Auch sorgen konjunkturelle Schwankungen mit einhergehenden Sparmaßnahmen für entsprechende Anpassungen (Doppler und Lauterburg 1998, S. 21–40). Man sollte also davon ausgehen können, dass die öffentliche Verwaltung Veränderungen als Selbstverständlichkeit begreift und die konsequente Steuerung von Veränderungsprozessen beherrscht. Doch dies scheint häufig nicht der Fall zu sein (Blanke und Schridde 2001). Veränderungen und Veränderungsprojekte scheitern immer wieder. Welche Ursachen gibt es dafür?

Zunächst hat die öffentliche Verwaltung, speziell im kommunalen Bereich, trotz beständiger Reformen ihre Monopolstellung erhalten. Sie ist keinem Wettbewerb von außen ausgesetzt (Müller et al. 2011). So kann ein Bürger nicht entscheiden, ob er seinen Reisepass am Wohnort oder an seinem Arbeitsort verlängert. Er ist gezwungen, sich an den Bürgerservice seines Wohnortes zu wenden. Dieser fehlende Wettbewerb hat einen hohen Einfluss auf die Organisationskultur. Der Druck von außen, die Organisation überlebensfähig zu gestalten und zu erhalten, fehlt und kommt auch in der Vorstellung der Beschäftigten nicht vor. Öffentliche Verwaltung „überlebt“ nur dann nicht, wenn sie ihre Legitimität zur Aufgabenerfüllung verliert (Klinger und Güttel 2013, S. 21), z. B. durch Privatisierung, und das ist äußerst selten. Der Leidensdruck, der in der Wirtschaft durch Konkurrenz von außen erzeugt wird, fehlt weitgehend – ebenso wie Messkriterien für den Erfolg/Misserfolg der Leistungserbringung (Schäfer und Raumann 2009, S. 32 ff.). Der fehlende Veränderungsdruck von außen und innen zeigt sich unter anderem auch darin, dass Mitarbeitende häufig jahrelang in einer Position und/oder in derselben Organisation tätig sind. Sie erstarren buchstäblich im durch

C. Schneider et al., *Start-Up Städtischer Bauhof*, essentials,
https://doi.org/10.1007/978-3-658-29464-9_1

Routinen geprägten Tagesgeschäft. Die Notwendigkeit, sich an ein neues Umfeld, neue Kollegen, neue Abläufe und Prozesse etc. anzupassen, ergibt sich nicht. Eine Personalentwicklung, deren Anspruch „über den Tellerrand" hinaus reicht, ist eine Seltenheit (Keicher et al. 2012). Schäfer (2005, S. 24) stellt in diesem Zusammenhang fest: *„Der Schlüssel zur Veränderung des Öffentlichen Dienstes liegt letztlich in der konsequenten Veränderung der Arbeitseinstellung und der Arbeitsweise der Mitarbeiter. Nur wenn Führung und Zusammenarbeit im Alltag der Beschäftigten nachhaltig professionalisiert werden, wird die Organisation einen echten Reformprozess durchlaufen."*

Veränderungen von außen werden bei Behörden oftmals durch Druck aus der Politik ausgelöst, aber auch gestoppt. Damit liegt eine weitere Besonderheit der öffentlichen Verwaltung im politischen Kontext. Auch, wenn die Veränderungsprozesse selbst lehrbuchmäßig angestoßen, geplant und umgesetzt werden, kann durch politischen Willen alles unterstützt und vorangetrieben, aber auch wieder angehalten und im schlimmsten Fall rückabgewickelt werden (Schäfer 2005, S. 21 ff.) Das bedeutet, dass die Politik einbezogen werden muss, um der Veränderung ihre Legitimität zu geben (Grüninger 2014).

Weitere Ursachen für das Scheitern von Veränderungsvorhaben sind in der Natur des Veränderungsmanagements selbst zu suchen. Vahs (2012, S. 407) beschreibt mit dem Problem der „Realitätslücke" in Veränderungsprozessen die Tatsache, dass ein Transformationsprozess auf zwei Ebenen verläuft: der psychologischen und der sachlichen Ebene. Beide Ebenen müssen gleichermaßen bedient werden, damit Veränderungen erfolgreich in der Organisation ankommen. Auf der psychologischen Ebene muss über einen Lernprozess eine Verhaltensänderung, sowohl individuell bei den Mitarbeitenden, als auch kollektiv, auf die Gesamtorganisation bezogen, erfolgen. Mit Veränderungen auf der sachlichen Ebene wird an einer Änderung der Organisation, u. a. bezogen auf Geschäftsprozesse, Organisationsstrukturen und Technologie gearbeitet. Wird nur eine Ebene bedient, also beispielsweise eine Organisationsänderung auf der sachlichen Ebene eingeführt, ohne die Mitarbeitenden auf der psychologischen Ebene von deren Sinn zu überzeugen oder sie für die damit verbundenen neuen Arbeitsanforderungen ausreichend zu qualifizieren, entsteht die „Realitätslücke", die das Veränderungsergebnis negativ beeinflusst. Die Kunst des Veränderungsmanagements besteht darin, sowohl an der einen, als auch an der anderen Ebene zu arbeiten, ohne die Organisation zu überfordern. Dies setzt klare Veränderungsziele und ein stringentes Projektmanagement voraus. Singler et al. (2019, S. 16 f.) beschreiben in diesem Zusammenhang, dass Behörden zwar oft gute Strategien entwickeln, eine gemeinsam verstandene Vision allerdings selten existiert. Darüber hinaus bereitet die Strategieumsetzung, bezogen auf die Formulierung konkreter Ziele und Handlungsfelder oft Schwierigkeiten. Damit ist eine ganzheitliche Entwicklung der Organisation nicht möglich. Dieser Befund wird gestützt durch Etscheid (2013). Auch er stellt fest, dass bei mehr als einem Drittel aller untersuchten Strukturveränderungen keine Ziele definiert worden waren (Etscheid 2013, S. 32). Kriterien für die Entwicklung, Operationalisierung und Auswahl von Handlungsalternativen sowie die Überprüfung der Zielerreichung fehlten somit. Darüber hinaus werden Veränderungsprojekte häufig ohne zusätzliche Ressourcen durchgeführt. Zwangsläufig führt dies zu Fehlern im Veränderungsmanagement. Neben dem Scheitern der Transformation entstehen daraus auch Produktivitätsverluste bis zu 25 % und erhöhte Fluktuation (Von Kyaw und Claßen 2010, S. 80 ff.).

2 Integrierte Organisationsentwicklung als Basis für erfolgreiches Veränderungsmanagement

Es existiert ein breites Spektrum an Modellen, die das ideale Vorgehen in Veränderungsprozessen veranschaulichen. Alle folgen den Prinzipien: Veränderung vorstellen, Stammpersonal für und auf die Veränderung vorbereiten und Veränderung verfestigen (Lim und Yazdanifard 2014). Mit den Gegebenheiten der modernen Arbeitswelt kommt allerdings ein weiterer Aspekt hinzu, der seither nicht im Blick war: Change 2.0. Mit der Einführung dieses Begriffes soll verdeutlicht werden, dass auch Veränderungsmanagement digitaler und agiler werden muss. Neue Instrumente, digitale Fähigkeiten und Fertigkeiten der Veränderungsmanager sowie ein Verständnis für die gerade neu entstehende Arbeitskultur sind hierfür notwendig. Neu ist auch, dass, abweichend von den bisherigen Modellen, die einen definierten Endzustand im Sinne eines neuen, stabilen Zustands vorsehen, die Veränderung durch die Geschwindigkeit der gesellschaftlichen und technologischen Entwicklungen der heutigen Zeit die Regel und nicht die Ausnahme und somit eine Konstante bleiben wird (Keicher et al. 2012).

Ein erfolgreiches Veränderungsmanagement zeichnet sich generell durch sechs wesentliche Kerneigenschaften aus: Ursachen-, System-, Stakeholder-, Ergebnis-, Prozess-, und Planungsorientierung (Ebner und Kramer 2013). Die Ursachenorientierung ist wesentlich, da der Impuls zur Veränderung durch eine (oder mehrere) Ursachen ausgelöst wird. Diese Ursachen dürfen bei der Zielfindung und im Laufe des Transformationsprozesses nicht aus dem Blick geraten. Gerade in einer sich ständig verändernden Welt kann sich eine Ursache auch wieder auflösen oder es entsteht ein neuer Außeneinfluss, der zu prüfen ist und ggfs. zu Anpassungen des Veränderungsvorhabens führen muss. Systemorientierung bedeutet, dass sich das Veränderungsmanagement auf die Organisation als Ganzes richtet. Das System ist gleichzeitig Ausgangspunkt und Adressat der Veränderung. Es führt die Veränderung durch und wird durch diese selbst verändert.

C. Schneider et al., *Start-Up Städtischer Bauhof*, essentials,
https://doi.org/10.1007/978-3-658-29464-9_2

Stakeholder sind all jene Personen und (Anspruchs-)Gruppen, die auf das Erreichen der gesetzten (Transformations-)Ziele Einfluss haben oder von diesen beeinflusst werden, und ihrerseits Einfluss auf den Transformationsprozess, seinen Erfolg und seine Festigung nehmen können. Wichtig ist deshalb, die Stakeholdergruppen zu beteiligen, sie – wenn möglich – zu Verbündeten zu machen und auf dem Weg mitzunehmen. Die Frage, welche positiven oder negativen Auswirkungen die geplante Transformation auf einzelne Stakeholder oder ganze Stakeholdergruppen hat, steht im Mittelpunkt. Anreizsysteme unterstützen die Motivation der Stakeholder ebenso, wie laufende Kommunikation und Transparenz über den Veränderungsprozess. Ergebnisorientierung bezieht sich auf das Erreichen der richtigen Ziele. Diese sind klar zu formulieren und zu kommunizieren. Denn alle Maßnahmen sollten darauf ausgerichtet sein und effizient umgesetzt werden. Es gilt, passende Werkzeuge und Vorgehensweisen zu finden. Dies schließt ein situatives Vorgehen, die Beobachtung von Umfeld-/Umwelteinflüssen und Trends sowie deren Prüfung und ggfs. Integration – speziell bei groß angelegten, langen Veränderungsprozessen wie der digitalen Transformation – mit ein. Es muss immer wieder neu geprüft werden, ob die angestrebten Ziele noch die Richtigen sind. Unter Prozessorientierung wird die Gestaltung des Weges vom Status Quo zum Ziel beschrieben. Die Planungsorientierung ist ein Teil davon.

Alle sechs Kerneigenschaften erfolgreicher Veränderungsvorhaben sollten durchgängig integrativ gestaltet werden. Wie das praktisch gehen kann, zeigt das folgende Beispiel des Bauhofs der Stadtverwaltung Herrenberg.

Integrierte Organisationsentwicklung am Beispiel des Bauhofs der Stadtverwaltung Herrenberg

3

Wie kann ein städtischer Bauhof, seine Geschäftsprozesse und seine Organisationsstruktur radikal umgebaut und damit zukunftsfähig gemacht werden? Die Kernidee der integrierten Organisationsentwicklung, die hier verfolgt wurde, orientiert sich an den Ausführungen von Vahs (2012) zur Realitätslücke in Veränderungsprozessen sowie den sechs wesentlichen Kerneigenschaften erfolgreichen Veränderungsmanagements nach Ebner und Kramer (2013). Für die digitale Transformation des städtischen Bauhofs wurde ein ganzheitliches Vorgehen gewählt, das sowohl die sachliche, als auch die psychologische Ebene gleichermaßen bedient. So wurden in jedem einzelnen Schritt entweder Geschäftsprozesse und/oder Organisationsstrukturen geändert (sachliche Ebene), bei gleichzeitiger Einbindung, Beteiligung und Qualifizierung der Mitarbeitenden (psychologische Ebene). Die folgenden Abschnitte illustrieren die einzelnen Phasen, das darin gewählte Vorgehen sowie die erzielten Veränderungseffekte.

3.1 Phase I: eServices – Beginn der Geschäftsprozessoptimierung

Durch die Zielsetzung des Gesamtprojektes „Zukunftsfähige Stadtverwaltung Herrenberg“, die Effizienz der Geschäftsprozesse weiter zu steigern, stand auch im städtischen Bauhof eine Geschäftsprozessoptimierung an. Nach einer Vorlaufphase, in der der Status Quo der Organisation erhoben und analysiert worden war, wurden im Sommer 2017 im Rahmen einer Strategiekonsolidierung von TUG zwei Problemfelder benannt, für die jeweils ein e-Service entwickelt werden sollte: a) Grünflächenmanagement: Vergabe von Grünflächen zur Pflege durch

C. Schneider et al., *Start-Up Städtischer Bauhof,* essentials,
https://doi.org/10.1007/978-3-658-29464-9_3

Einwohner und b) Mängelmanagement: Abwicklung von der Mängelaufnahme bis zur -beseitigungsrückmeldung.

Für die stringente Nutzerorientierung – intern wie extern – wurden zwei Prämissen gesetzt, die durchgängig beachtet wurden. Die erste Prämisse lautete: „Vom Kunden ausgehend die Geschäftsprozesse neu denken." Dies hatte zur Folge, dass streng darauf geachtet wurde, dass dem Kunden der Zugang, die Abwicklung und die Abnahme der Dienstleistung leicht gemacht werden. Die zweite Prämisse bezog sich auf die Mitarbeiter und lautete: „Den Mitarbeitern soll das Erfüllen ihrer Aufgaben erleichtert werden." Dies hatte zur Folge, dass alle Aspekte, die hinderlich, schwierig oder als belastend empfunden wurden, erhoben, analysiert und wenn möglich durch den neuen Soll-Prozess gelöst wurden. Damit bildete ein ganzheitlicher Service-Design-Ansatz die Grundlage für die Serviceentwicklung. Zusammenfassend waren dabei folgende Ziele gegeben: I) an den Problemen der Mitarbeiter und Kunden ansetzen, um deren Begeisterung für das Neue und dessen Implementierung zu wecken, sowie Ängste und Widerstände aufzulösen, II) Qualitätsverbesserung der (e-) Services und III) Zeitersparnis für Kunden und Mitarbeiter in der gesamten Prozessabwicklung generieren.

Um eine Veränderung zukunftsorientiert anzustoßen, muss man wissen, wohin sich die Welt entwickeln wird. Deshalb wurden die Beteiligten gedanklich in die Zukunft mitgenommen, indem bestehende Markt- und Trendanalysen zu technologischen Entwicklungen, neue räumliche Büro- und Arbeitswelten sowie neue Arbeitsformen wie agile Strukturen vorgestellt wurden. Dies ermöglichte es den Beteiligten, ein Grundverständnis für die Welt von morgen zu gewinnen. Gleichzeitig wurde immer wieder diskutiert, ob und welche Erleichterungen durch das noch zu gestaltende Neue möglich wären, um die Bereitschaft zur Veränderung, wie auch die Motivation zu wecken. Nachdem dieser Grundstein der Zukunftsorientierung gelegt war, begann die Arbeit im Detail. Hierzu wurden klassisch über leitfadengestützte Interviews mit Mitarbeitern die Geschäftsprozesse erhoben, analysiert und deren Sichtweise inklusive aller „pains & gains" herausgearbeitet (siehe Tab. 3.1). Ergänzend hierzu wurde die Kundenperspektive eingenommen, indem Mystery Shoppings durchgeführt wurden. D. h. die Beteiligten schlüpften in die Rolle der Kunden und riefen bei Kommunen an, um einen Mangel zu melden oder auch, um sich nach einer freien Grünfläche zu erkundigen. Die dabei gemachten Erfahrungen und Erlebnisse wurden dokumentiert und später analysiert, um den Kundenbedarf herausarbeiten zu können.

Tab. 3.1 zeigt beispielhaft einige Erkenntnisse, die aus diesen Erhebungen gewonnen wurden.

Tab. 3.1 Ausgewählte Erkenntnisse der Prozesserhebung im städtischen Bauhof zu Beginn der Prozessoptimierung

Grünflächenmanagement	Mängelmelder
Mit Blick auf den Kunden	
Fehlendes Marketing-Konzept Keine Übersicht über verfügbare Grünflächen	Unklar für den Bürger, wo er den Mangel melden muss, da unterschiedliche Zuständigkeiten
Keine Übersicht über Patenschaften/Paten zu Grünflächen	Unklar, ob es sich lohnt, einen Mangel zu melden (Was passiert, wenn der Mangel gemeldet ist?)
Keine Übersicht über Bepflanzungsvorgaben etc. je Grünfläche	Unsicherheit, ob das Mängelmelden erwünscht ist, aufgrund langer Rückmeldezeiten
Interner Prozess	
Keine zentrale Anlaufstelle – d. h. Anfragen kommen in unterschiedlichen Ämtern an	Keine zentrale Anlaufstelle – d. h. Mängel werden an unterschiedlichen Stellen gemeldet
Unklare Zuständigkeiten	Unklare Zuständigkeiten und damit erschwerte interne Kooperation sowie Abstimmungsprozesse
Viele beteiligte Ämter/Stellen	„Verschleppte" Informationsweitergabe
Fehlende Flächenübersichten	Verspätete Rückmeldung zum Bearbeitungsstand

Da auch das Lernen von anderen wesentlich ist, wurde zusätzlich eine Best Practices-Analyse in Vergleichskommunen zu den Themenfeldern durchgeführt. Es wurde aufgearbeitet, welche der Best Practices schon erste Lösungsansätze für die Probleme der Bürger und auch der Mitarbeiter enthielten. Die gesammelten Ergebnisse aus dieser Analysephase bildeten anschließend die Grundlage für die Entwicklung der neuen (e-)Services inklusive der Soll-Geschäftsprozesse und der sogenannten „Touchpoints", also der Berührungspunkte mit dem bzw. Schnittstellen zum Bürger. Die Entwicklung der Soll-Prozesse erfolgte klassisch auf Basis der Optimierung in mehreren Iterationen, bis alle Problempunkte beseitigt waren, angefangen von unklaren Zuständigkeiten bis hin zu fehlenden Rückmeldungen. Hierbei stand das Motto Pate: „Ein Geschäftsprozess ist dann optimal, wenn man keinen Schritt mehr weglassen kann.". Für die Entwicklung der Schnittstellen zum Kunden wurde mit zwei Methoden gearbeitet, der sogenannten „Customer Journey" (Kazmaier et al. 2014) und „Design Thinking" (Uebernickel et al. 2015). Ergebnis war ein prototypisches Design eines (e-)Services basierend auf einem digitalisierten Geschäftsprozess mit allen notwendigen Schnittstellen von und zu den Kunden sowie den an der Leistungserstellung beteiligten Verwaltungsstellen. Um sicher zu sein, dass die neuen digitalisierten Services umsetzbar sind, wurden zur Evaluation Mitarbeitern, Bürgern und Experten aus anderen Kommunen die Ergebnisse vorgestellt und mit diesen diskutiert.

Für das Grünflächenmanagement entstand nach außen gerichtet ein prototypischer e-Service, der auf der städtischen Homepage abrufbar sein wird. Momentan ist dieser in der Programmierung und wird Ende 2020 implementiert sein. Der Bürger soll basierend auf einem digitalen Baum- und Grünflächenkataster seine „Wunschfläche" aufrufen können, um dort zu sehen, ob diese bereits an einen Paten vergeben ist, welche Nutzungs- und Pflanzungsart möglich ist und die Möglichkeit haben, bei freier Fläche eine Patenanfrage zu starten. Die Mitarbeiter erhalten die Anfragen und können diese schnell und effizient bearbeiten, da sie selbst auf die hinterlegten Informationen per Knopfdruck Zugriff haben und nur noch entscheiden müssen. Auskünfte zu Nutzungsart oder Belegungszeitraum etc. entfallen.

Das Mängelmanagement startet bereits heute, sobald ein Bürger über die Mängelmelder-App inklusive GPS-Daten oder per Anruf in der Zentrale den Mangel meldet. Der Mangel wird in einem Ticketsystem erfasst und gleich an die Zuständigen geleitet, die ihrerseits die Behebung einplanen und erledigen können. Bei Mängeleingang wie auch -behebung erfolgt direkt eine Rückmeldung mit Dank für die Mängelmeldung an den Bürger.

3.2 Phase II: Agile Organisationsstrukturen im Bauhof – Umstellung auf Selbstorganisation

Basierend auf den Ergebnissen der Organisationsdiagnose im Rahmen des Projektes „Zukunftsfähige Stadtverwaltung Herrenberg" im Frühjahr 2017, die gezeigt hatten, dass sich die Mitarbeitenden des Bauhofs mehr fachliche und persönliche Weiterentwicklung wünschen und vor dem Hintergrund der kreativen Potenziale, die in Phase I deutlich geworden waren, fiel im Frühjahr 2018 der Entschluss, das Bauhof-Team in die Selbstorganisation zu überführen. Unter einem selbstorganisierten Team werden *„groups of interdependent employees who have the collective authority and responsibility of managing and performing relatively whole tasks"* verstanden (de Jong et al. 2004, S. 18). Mitarbeitende in selbstorganisierten Teams gelten als eigenverantwortlich handelnde Experten, denen zugetraut wird, für die Organisation im richtigen Moment die richtigen Entscheidungen zu treffen (Bittelmeyer 2014, S. 22). Dazu gehören die Planung von Vorhaben und Aufträgen, die Organisation von Ressourcen, die Entscheidung über monetäre Ausgaben, die Regelung von Prozessen und Abläufen, die Freiheit, selbst zu entscheiden, an welchen Aufgaben man arbeiten möchte und mit welchen Kollegen, die Übernahme von Verantwortung für die eigene Leistung bis hin zur Endverantwortung für die Produkte der Einheit, sowie die Bearbeitung personalpolitischer Fragestellungen einschließlich der Entgeltfindung (Hamel 2019; Sattelberger 2015, S. 175; Bittelmeyer 2014, S. 22; Bernstein et al. 2016, S. 5).

Das Projekt wurde im Rahmen der Digitalisierungsoffensive des Landes Baden-Württemberg gefördert und seitens der Verwaltungsspitze aktiv unterstützt. Es hatte folgende Ziele:

1. Erschließung der kreativen Potenziale und Ideen in den Köpfen der Mitarbeitenden, damit effektivere und effizientere Prozesse und Abläufe sowie mehr Bürgernähe.
2. Eröffnung von neuen Perspektiven der Zusammenarbeit und Verantwortungsübernahme durch Selbstorganisation, damit Verbesserung des Arbeitsklimas und der Motivation.
3. Eröffnung von persönlichem Wachstum und Entwicklung durch Übernahme anspruchsvollerer Aufgaben (Konzeption, Koordination und Führung) und begleitende Personalentwicklungsmaßnahmen, der Bauhof als Karriereperspektive.
4. Etablierung von modernen Formen der kollegialen Leistungsbewertung (New Pay) und damit Ermöglichung von Entgeltperspektiven, die im starren System des öffentlichen Dienstes (Bindung an den TVöD) sonst nicht gegeben sind, insbesondere in den niedrigen Entgeltgruppen.
5. Erhöhung der Arbeitgeberattraktivität und Mitarbeiterbindung durch positive Außenwahrnehmung des Bauhofs, eigene Mitarbeiter als Botschafter und Multiplikatoren für die Personalgewinnung.

Möglich wurde die Selbstorganisation durch die Bereitschaft, eine frei gewordene Meisterstelle nicht wieder zu besetzen. Stattdessen sollte die Führung, den Überlegungen von Pearce und Conger (2003) zu verteilter Führung (Shared-Leadership) folgend, so organisiert werden, dass sie von mehreren Mitarbeitenden des Bauhofs wahrgenommen werden konnte. Im Sinne des Konzeptes des Integrated Leadership (Locke 2003) wurde die Amtsleitung damit zur direkten Führungskraft an der Spitze des Bauhofs. Mit diesem Vorgehen sollten die Vorteile geteilter (Shared) und hierarchischer (Vertical) Führung kombiniert werden. Shared Leadership fördert die Stärken einzelner Teammitglieder in einer

Form, wie es nicht geschehen könnte, wenn alle Verantwortung ausschließlich auf einer hierarchischen Führungskraft ruhen würde. Vertical Leadership (im Sinne einer gruppenexternen hierarchischen Führung) nimmt im Gegenzug Aufgaben wahr, die Shared Leadership Prozesse in einer Gruppe ermöglichen, fördern und unterstützen, wie beispielsweise:

- die Auswahl der geeigneten Teammitglieder (weil Shared Leadership nicht mit jedem funktioniert),
- die Entwicklung von notwendigen Führungsqualitäten bei den Teammitgliedern,
- den Ausgleich von Fähigkeiten, die bei den Teammitgliedern nicht oder noch nicht vorhanden sind,
- das Management der Grenzen zwischen dem Team und der restlichen Organisation,
- die Unterstützung des Teams durch angemessene Zielsetzung, Entscheidungsfindung und Problemlösung.

Die Selbstorganisation sollte unter Berücksichtigung all der Elemente realisiert werden, die eine Organisationseinheit befähigen, agil zu sein (Gehrckens 2016, S. 87). Im Einzelnen handelt es sich dabei um:

- die Dezentralisierung von Entscheidung und Verantwortung,
- flexible Ressourcenallokation und Verantwortung auf der Basis von Aufgabenerfordernissen, Kompetenz und Wissen,
- einen hohen Grad an cross-funktionaler Vernetzung innerhalb der Organisation und extern mit Partnern und Mitbewerbern,
- den Einsatz von Daten und Technologien zur Entwicklung von innovativen Lösungen, zur Entscheidungsfindung und zur Prozessoptimierung,
- eine Unternehmenskultur, die
  - Unsicherheit bei der Entscheidung akzeptiert und tolerant gegenüber Fehleinschätzungen ist,
  - disruptives Denken und Handeln stärker fördert als den Erhalt einer erfolgreichen Vergangenheit,
  - den Einsatz von neuen Werkzeugen und Arbeitsweisen zur Förderung von Innovationen nutzt,
  - ein inspirierendes Arbeitsumfeld schafft.

Das Projekt zur Agilisierung der Organisationsstruktur im Bauhof war auf zwei Jahre angelegt. Im Jahr 2018 wurden auf der Basis einer Organisationsdiagnose und der sich daran anschließenden grundsätzlichen Entscheidung für die Selbstorganisation durch alle Mitarbeitenden zunächst in einer Prototypenphase Regelungen für alle auftretenden Fragen gefunden, die mit der Aufteilung der bisher durch den Meister wahrgenommenen Führungsaufgaben einhergingen. Im Jahr 2019 wurde den Mitarbeitern des Bauhofs auf der Basis der gefundenen Lösungen die Eigenverantwortung übergeben und die erreichten Ergebnisse evaluiert. Im Folgenden werden die einzelnen Projektschritte im Detail beschrieben.

3.2.1 Die Diagnosephase

Im Februar 2018 wurden mit allen Bauhofmitarbeitern Einzelinterviews geführt. Den Mitarbeitern wurde eine vertrauliche und anonymisierte Aufbereitung ihrer Aussagen im Interview zugesagt.

Ziel der Interviews war es, einerseits einen Überblick darüber zu bekommen, welche Aufgaben und Fragen aus Sicht der Bauhofmitarbeiter bei Entfall der Meisterstelle zu regeln wären. Andererseits sollte festgestellt werden, wie die Mitarbeiter im Einzelnen zur geplanten Umorganisation stehen und ob sie bereit wären, diese aktiv mit zu gestalten. Ohne die Bereitschaft einer bestimmten Anzahl an Mitarbeitenden, Verantwortung zu übernehmen, ist eine selbstorganisationsbasierte Struktur zum Scheitern verurteilt.

Die Interviews förderten eine Reihe von offenen Fragen zutage, die neu geregelt werden mussten. Im Einzelnen ging es dabei um:

- die Ansprechpartnerzuteilung für andere Ämter und Abteilungen, Bürgerinnen und Bürger sowie die Regelung des Wareneingangs auf dem Hof, einschließlich der Regelung von Urlaubs- und Krankheitsvertretung, denn bisher hatte der Meister alle Anfragen zentral entgegengenommen
- Fragen zur Regelung der fachlichen Führung (Wie finden die Arbeitsverteilung und der Mitarbeitereinsatz statt? Wie wird die Werkstatt organisiert? Wer macht das Lager? Wer organisiert Angebotserstellung, Materialbeschaffung, Angebotseinholung und Vergabe? Wer ist Ansprechpartner, wenn Teile fehlen oder man Material bestellen muss? Wie wird die Arbeitsausführung überwacht?)
- Fragen zur Wahrnehmung der disziplinarischen Führung (Wer ist außer dem Amtsleiter der Gruppe weisungsberechtigt? Wer haftet? Wer ist für Gefährdungsanalysen und Unterweisung der Mitarbeiter zuständig? Wer ist für die Urlaubsregelung abteilungsübergreifend zuständig? Was passiert, wenn Überstunden anfallen? Wer macht die Leistungsbewertung? Wie läuft das

Projekt weiter, sollte jemand aus dem vorgesehenen Personenkreis nicht mehr mitmachen wollen? Wie wird mit Verweigerungshaltung umgegangen? Wie werden neue Mitarbeiter ausgewählt? Wie wird die zusätzliche Verantwortung bezahlt? Wie werden Informationsfluss und Entscheidungsfindung gestaltet? Wer erstellt ein Zeugnis? Wer ist Ansprechpartner bei Konflikten?)

Neben den zahlreichen inhaltlichen Fragen, die die Mitarbeiter selbst aufwarfen, wurde recht schnell deutlich, dass eine gute Regelung der verteilten Führung für das gesamte Vorhaben erfolgsentscheidend sein würde. Es zeigte sich in den Interviews zum einen die Sorge, dass sich eine „neue Elite" ausprägen würde, die die anderen übervorteilt. Diese Sorge spiegelte sich beispielsweise in dieser Aussage eines Interviewpartners: *„Wenn es 5/6 Chefs gibt und die suchen sich die beste Arbeit und wir machen den Rest, dann funktioniert das nicht."* Zum anderen wurde immer wieder das Paradoxon artikuliert, einerseits für die Abschaffung der Meisterstelle zu sein, sich aber doch wieder andererseits von den Kollegen nur begrenzt etwas sagen lassen zu wollen. Eine Beispielaussage dazu: *„Wer hat wem was zu sagen, wessen Wort akzeptiere ich, auch wenn er nicht formal Meister ist?"*.

Befragt nach den Erfolgsaussichten des Vorhabens der Selbstorganisation gaben die meisten der Befragten negative Prognosen ab. Diese spiegelten zum einen die Skepsis darüber, dass das Team nicht reif genug sei, die Verantwortung selbst zu übernehmen: *„Grundsätzlich habe ich Bedenken, 80 % sagen, das wird nichts, das funktioniert nicht. Wir haben zu viel Lästerei im Hintergrund, jeder redet über jeden. Die Leute sind kein Team, sprechen nicht mit offenem Visier. Bei uns läuft viel Gemeckere hintenrum."* Zum zweiten wurde eine generelle Ungläubigkeit darüber deutlich, dass eine Organisationseinheit überhaupt ohne formale Führung funktionieren können soll: *„Mit Meister ist besser, denn dann wissen alle, der hat das Sagen. Ich bin der Meinung, hier muss ein Meister her. Einer, der Ahnung hat, aber einer von draußen, nicht einer von hier. Wenn es einer von hier wäre, dann würde das nicht gut laufen."* Ein kleinerer Teil der Befragten äußerte sich unentschlossen, gab aber der Hoffnung Ausdruck, dass der Versuch gelingen möge: *„Ich wünsche, dass es funktioniert. Es kann funktionieren. Sie müssen sich Gedanken machen. Alles am Anfang muss man probieren. Vielleicht geht es gut, vielleicht schlecht. Vielleicht holprig am Anfang und dann besser. Vielleicht gut am Anfang und dann schlechter."* Der geringste Teil der Befragten gab eine positive Prognose für die Einführung der Selbstorganisation ab. Diese gründete vor allem in der Überzeugung, doch auch jetzt schon selbstorganisiert zu arbeiten, da der eine Meister gar nicht in der Lage gewesen sei, die gesamten Gewerke, die im Bauhof versammelt sind, in ihrer Fachlichkeit zu überblicken. Darüber hinaus sei der Meister ein „Flaschenhals" für die Entscheidungsfindung gewesen und man habe ohnehin auch in der Vergangenheit schon selbstständig das getan, was getan werden musste: *„Viele arbeiten schon immer selbstorganisiert, haben es nur nicht gemerkt. Jetzt ist der Chef weg, aber sonst ist alles gleich. Kein Grund zur Panik. Wenn es nicht funktioniert, wäre es schade um den Aufwand, den wir hineinstecken."*

Hinsichtlich des Worst-Case-Szenarios, sollte das Projekt begonnen werden und dann scheitern, waren sich alle weitgehend einig. Man hätte die Chance vertan, die Perspektive auf mehr Verdienst und Verantwortung sei weg und man hätte sich darüber hinaus möglicherweise noch vollkommen zerstritten: *„Wenn doch wieder ein Meister eingesetzt würde, dessen Geschäft ich machen muss. Dann würde ich mehr Geschäft haben und das Geld nicht."; „Dass es nicht funktioniert und wieder ein Meister kommen muss. Vertane Chance."; „Dass der ganze Haufen nachher so verstritten ist, aber keiner weg geht und wir mit denen weiter schaffen müssen und die immer maulend ins Geschäft kommen."*

3.2.2 Die Entscheidung

Im März 2018 wurden allen Mitarbeitenden des Bauhofs gemeinsam die Ergebnisse der Interviews aus der Diagnosephase präsentiert. Es wurde anhand der anonymisierten Originalzitate verdeutlicht, welche Fragen sie aufgeworfen hatten, was sie übereinander, ihre Zusammenarbeit und ihr aktuelles Teamklima und die Erfolgsaussichten einer Selbstorganisation denken. Darüber hinaus wurden sie eingeladen, noch mal gut zu reflektieren, dass Selbstorganisation bedeuten würde, von einem Kollegen Arbeitsaufträge entgegen zu nehmen. Gleichzeitig wurde die Möglichkeit eröffnet, in einer Prototypenphase zunächst zu probieren, wie Selbstorganisation gehen könnte und vorläufige Lösungen zu entwickeln, die auch später wieder angepasst und geändert werden könnten. Dadurch sollte der Druck genommen werden, gleich von Anfang an perfekt funktionieren zu müssen. Es wurde aber auch sehr deutlich gemacht, dass der Weg in die Selbstorganisation ein Angebot, keine Pflicht sei. Sollten sich die Mitarbeiter dagegen entscheiden, so wäre das kein Problem, dann würde die Meisterstelle nachbesetzt. Sollten sie sich allerdings dafür entscheiden, dann würde von allen erwartet, dass sie sich für das Gelingen und den Erfolg der neuen Organisationsform nach besten Kräften einsetzen.

Am Ende der Ergebnispräsentation verließen der Amtsleiter und die Projektleitung den Raum, verbunden mit der Bitte, dass sich die Mitarbeiter nun untereinander darüber verständigen mögen, ob sie den Weg weiter gehen wollten oder nicht. Amtsleitung und Projektleitung würden sich der Entscheidung in jedem Fall beugen. Diejenigen, die sich für den Weg entscheiden wollten, wurden gebeten, folgende Sätze zu unterschreiben: „Wir erklären, dass wir willens sind, die Selbstorganisation umzusetzen und wir wollen mit vollem Einsatz in dem Projekt Selbstorganisation arbeiten. Sofern ich nicht bereit bin, Führung zu übernehmen, bin ich dennoch bereit, Aufträge von Kollegen anzunehmen.“ Methodisch wurde diese Form der Kontraktgestaltung gewählt, um für den kommenden Veränderungsprozess ein schriftliches, individuelles Commitment zu generieren, auf das bei Schwierigkeiten immer wieder Bezug genommen werden könnte.

Am Ende der Entscheidungsfindungsphase teilten die Mitarbeiter mit, dass sie trotz der Herausforderungen und auch angesichts der konträren, teilweise konfliktären Ergebnisse aus der Diagnose in die Prototypenphase gehen wollen würden. Sie wollten die Chance auf etwas Neues nicht vergeben, ohne es probiert zu haben. Alle Mitarbeiter des Bauhofs unterschrieben den Kontrakt. Diejenigen, die zum Zeitpunkt der Ergebnispräsentation krank oder im Urlaub waren, wurden durch die anderen einbezogen und holten die Unterschrift entsprechend nach. Für das Veränderungsvorhaben war dieser Schritt eine wichtige Weichenstellung und ein großer Erfolg. Selbstorganisation geht nur mit den, niemals gegen die Beteiligten.

3.2.3 Die Prototypenphase

Bereits zu Beginn der Prototypenphase blieb die Meisterstelle unbesetzt, sodass die Mitarbeiter des Bauhofs über die Entwicklung von Lösungen für die von ihnen gesammelten Fragen hinaus bereits von Anfang an gefordert waren, das Tagesgeschäft eigenständig zu organisieren. Damit war aber auch das Tagesgeschäft gleichzeitig Erprobungsfläche für die gefundenen Lösungen, im Sinne eines Prototyping. Und es trug dazu bei, Fragen und Problemstellungen zu generieren, an die niemand zuvor gedacht hatte, weil noch niemand zuvor in dieser Art mit Führung konfrontiert gewesen war. Dieser Aspekt betraf sowohl die Mitarbeiter als auch die Amtsleitung gleichermaßen. Beginnend mit März 2018 bis Ende Dezember 2018 trafen sich alle Mitarbeiter des Bauhofs alle drei bis vier Wochen zu vierstündigen Workshops, die der Abarbeitung aller in der Diagnosephase gesammelten offenen Fragen und zu klärenden Punkte dienten. Diese Fragen wurden in einer einheitlichen Meilensteinplanung gesammelt und zwischen den Terminen vom Team eigenständig bearbeitet. Die Workshops selbst dienten der Vorstellung, Diskussion und Verabschiedung der gefundenen Lösungen und boten die Möglichkeit, zwischenzeitlich auftretende Konflikte oder Probleme zu artikulieren und zur Weiterbearbeitung zu adressieren. Interne Prozesse und Abläufe mussten überdacht, geändert und, wo möglich, digitalisiert werden. Bei all dem gab es keinerlei Blaupausen, auf die man hätte zurückgreifen können und ganz nebenbei durfte das Tagesgeschäft nicht vernachlässigt werden. Bis Dezember 2018 waren alle offenen Punkte abgearbeitet. Es entstanden maßgeschneiderte und von allen mitgetragene Lösungen.

So entschied sich das Bauhofteam ziemlich schnell dafür, die Führung so zu organisieren, dass ein Kreis von Freiwilligen die Führung unter sich aufteilt (siehe Abb. 3.1). Grundsätzlich hat jeder Mitarbeiter Zugang zu diesem Kreis. Jeder kann aber auch für sich selbst entscheiden, keine Führung übernehmen und nur für die Bearbeitung der eigenen Aufgaben zuständig sein zu wollen. Diese Entscheidung ist revidierbar, in die eine, wie auch in die andere Richtung. Rund die Hälfte der Mitarbeiter, die alle unterschiedliche handwerkliche Ausbildungen und Spezialkenntnisse mitbringen, übernimmt aktuell Führungsaufgaben. Im Wechsel schlüpfen die Mitarbeiter in die Rolle des selbst installierten „Vier-Wochen-Mannes", der in dieser Zeit der zentrale Ansprechpartner ist. Das gilt sowohl für die interne, als auch für die externe Kommunikation, die tägliche Arbeitsplanung, die Kundenberatung oder das Klären von Personalfragen. Für Daueraufgaben des Bauhofs sowie für die großen Veranstaltungen der Stadt, wie beispielsweise den Weihnachtsmarkt, wurde jeweils ein zuständiger Mitarbeiter benannt. Arbeitssicherheitsunterweisungen werden von den Personen durchgeführt, die über eine entsprechende fachliche Spezialisierung bzw.

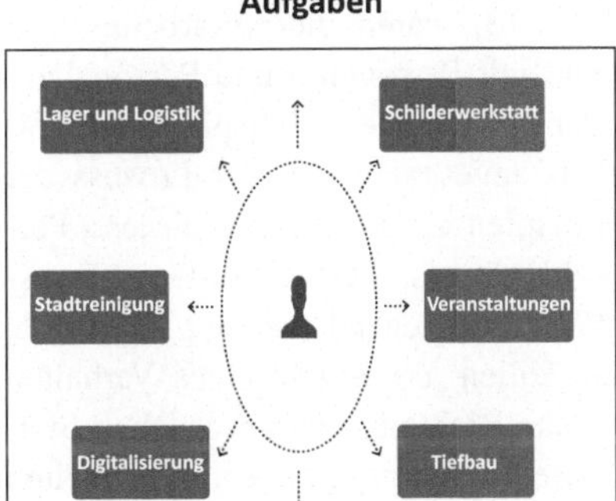

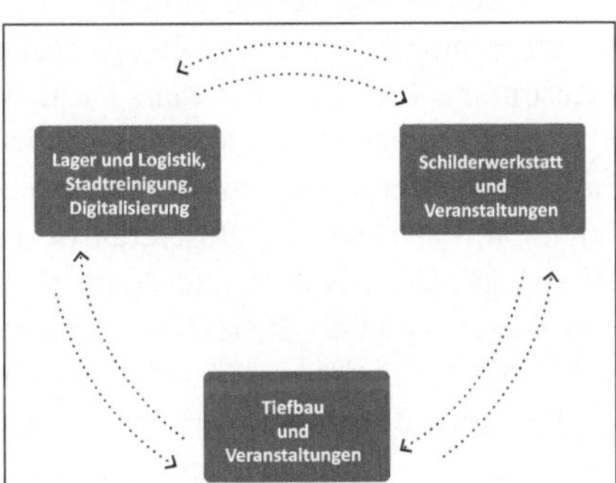

Abb. 3.1 Von hierarchischer zu verteilter Führung im Bauhof der Stadt Herrenberg

Weiterqualifizierung verfügen. Abb. 3.1 zeigt, wie das Konzept der verteilten Führung (Shared Leadership) konkret realisiert wurde.

Um Konflikte unter den Mitarbeitern zu regeln oder auch für die Bearbeitung spezifischer Personalfragen wie beispielsweise die Beurteilung in der Probezeit oder die Erstellung eines Zeugnisses wurde ein Gremium, bestehend aus drei Vertrauenspersonen, gewählt. Dieses Gremium dient als Anlaufstelle für die Mitarbeiter, macht Vorschläge und nimmt Schlichtungsaufgaben wahr. Auch hier gilt das Prinzip der Revidierbarkeit. Das Gremium wird regelmäßig neu gewählt und wenn jemand sein Amt niederlegen möchte, so ist das jederzeit möglich. Für Fragen, in denen die Mitarbeiter keine Einigung erzielen, bleibt die Amtsleitung als oberste Eskalationsstufe im Sinne der in Abschn. 3.2 beschriebenen Unterstützung von Shared Leadership durch Vertical Leadership. Ebenso übernimmt die Amtsleitung formale Aufgaben, die sich aus arbeitsrechtlichen Gründen nicht gänzlich auf die Mitarbeiter verlagern lassen. Beide Seiten – sowohl die Amtsleitung als auch die Mitarbeiter des Bauhofs – streben allerdings an, die Amtsleitung nur so selten wie möglich und notwendig einzuschalten.

Da mit dem Projekt auch die Möglichkeit verbunden werden sollte, neben der fachlichen und persönlichen Weiterentwicklung durch die Übernahme von Führungsverantwortung und/oder den Zuwachs an Eigenverantwortung bei der Arbeitsausführung auch neue Entgeltperspektiven zu eröffnen, wurde in Zusammenarbeit mit dem Hauptamt entschieden, das durch die Nichtbesetzung der Meisterstelle freigewordene Budget (das den allgemeinen Tarifanpassungen weiterhin unterliegt) unter den Mitarbeitern aufzuteilen. Darüber hinaus einigte man sich auch darauf, für den Bauhof eine neue Form der Leistungsorientierten Bezahlung (LOB) zu finden, da die klassische Vorgesetztenbeurteilung mit der Einführung der Selbstorganisation hinfällig geworden war. Für beides, die Verteilung des Meistergehaltes und die LOB, waren die Mitarbeiter aufgefordert, eine eigene, von allen getragene und mit Personalrat und Personalamt abgestimmte Lösung zu finden. Dazu wurden verschiedene Beispiele der kollektiven Leistungsbewertung in der Wirtschaft angeschaut und der Prozess der Entwicklung der neuen Systeme nach den Prinzipien von New Pay (Fairness, Partizipation, Wir-Denken, Selbstverantwortung, Flexibilität, Permanent Beta, Transparenz) gestaltet (Nobile und Hornung 2019). Grundlegend war der Anspruch, dass Gehaltssysteme Steuerungssysteme sein sollen, die erwünschtes Verhalten und Einsatz honorieren und aufzeigen, in welche Richtung und an welchen Stellen Verhaltensänderungen erfolgen sollten. Die Bauhofmitarbeiter entwickelten sowohl für die LOB als auch für die Verteilung des Meistergehaltes ihr eigenes Vorgehen. Beide Systeme werden im Folgenden vorgestellt.

Für die LOB werden zum 1. Juli eines jeden Jahres die Anspruchsgrundlagen seitens der Personalabteilung geprüft und die anspruchsberechtigten Personen der Amtsleitung mitgeteilt. Der Beurteilungszeitraum umfasst die Zeit vom 1. Juli des Vorjahres bis zum 30. Juni des laufenden Jahres. Die Verteilung des zur Verfügung stehenden Budgets wird im Rahmen eines moderierten Gruppenprozesses vollzogen, an dem alle Mitarbeiter teilnehmen. Wer krankheitsbedingt verhindert ist, kann einen Stellvertreter benennen, der seine Interessen vertritt. Moderator, Protokollführer und deren Vertreter entstammen den Reihen der Mitarbeiter. Es wurde vereinbart, dass sich die LOB ausschließlich auf die Ausführung der Arbeiten im Bauhof bezieht. Führungstätigkeiten werden nicht beurteilt. Dies geschieht im Rahmen der Verteilung des Budgets der Meisterstelle. Der Gruppenprozess zur Festlegung der LOB folgt fünf streng regulierten und zeitlich limitierten Phasen. In Phase 1 begrüßt der Moderator, stellt nochmals die allen bekannten Regeln vor und legt durch die Ziehung von Nummern die Sprecher-Reihenfolge fest. In Phase 2 trägt jeder Mitarbeiter seinen Wunsch (in Prozent vom für die LOB zur Verfügung stehenden Gesamtbudget) vor und begründet diesen kurz. Dazu hat jeder fünf Minuten Zeit und wird in seinem Vortrag weder durch Zwischenfragen, noch durch Kommentare unterbrochen. Die Reihenfolge des Vortrags ergibt sich aus den zuvor gezogenen Nummern. Die im Einzelnen vorgetragenen Wünsche und deren Begründung werden durch den Protokollführer, für alle sichtbar, festgehalten. Am Ende von Phase 2 wird in einer ersten Zwischenhochrechnung ermittelt, wo die Summe aller geäußerten Wünsche liegt. In Phase 3 haben nun die Kollegen die Möglichkeit, gezielt Fragen zu stellen und ihre Rückmeldungen zu den einzelnen Personen zu geben. Es kommt jeder zu Wort, der sich äußern möchte. Auch hier wird streng moderiert und die einzelnen Rückmeldungen werden protokolliert. Derjenige, der die Rückmeldungen bekommt, sollte vor allem zuhören und über die Beurteilungen der Kollegen nachdenken. Die Reihenfolge richtet sich wiederum nach den zu Beginn gezogenen Nummern. Ziel von Phase 3 ist, die in Phase 2 geäußerten Wünsche und Vorstellungen der Kollegen entweder zu bestätigen oder sie nach oben bzw. unten zu korrigieren. Bedingung ist, dass sowohl für die Bestätigung, als auch für Verbesserungen bzw. Verschlechterungen konkrete Begründungen gegeben werden müssen, die an Beispielen aus dem Arbeitsalltag festgemacht werden. Aus den prozentualen Rückmeldungen der Kollegen wird für die jeweilige Person ein Durchschnitt ermittelt. Dieser Durchschnittswert wird dem ursprünglich gewünschten gegenübergestellt. In Phase 4 folgt nun eine offene Diskussion aller Beteiligten mit dem Ziel, ein Endergebnis zu erzielen, das für alle in Ordnung ist. Diese Phase ist auf 10 min begrenzt. Am Ende des Prozesses wird in Phase 5 das erstellte Protokoll von allen geprüft und unterschrieben. Das Ergebnis der prozentualen LOB-Verteilung wird in einem gesonderten Dokument festgehalten, ebenfalls von allen unterschrieben und an die zuständige Stelle in der Personalabteilung weitergeleitet.

Der in der Prototypenphase erarbeitete LOB-Prozess wurde im Oktober 2019 das erste Mal durchgeführt. Abb. 3.2 zeigt ein Ergebnisprotokoll für einen Mitarbeiter, dessen Eigeneinschätzung durch die Gruppe nach oben korrigiert wurde.

Ebenso gibt es Beispiele dafür, dass die Eigeneinschätzung der Mitarbeitenden entlang von Zahlen, Daten und Fakten durch die Gruppe nach unten korrigiert wurde. Diese Beispiele werden im Detail aus Gründen des Schutzes der Persönlichkeitsrechte der betreffenden Personen hier nicht veröffentlicht. Der Bauhof ist insgesamt zu klein, als dass aus den geschilderten Vorfällen nicht Rückschlüsse darauf gezogen werden könnten, um wen es sich dabei handelt.

Insgesamt zeigen sowohl die Leistungsbestätigung, als auch die Korrektur nach oben (siehe Abb. 3.2) oder nach unten sehr eindrücklich, dass es den Mitarbeitern nicht nur gelungen ist, offen und voreinander über Leistung zu reden – was an sich normalerweise schon Konfliktpotenzial genug birgt – sondern auch, durch Konkretheit der von ihnen genannten Beispiele Maßstäbe zu setzen, an denen sich alle für

Name des Mitarbeiters:

Prozent-Wunsch: 7%

Begründung des Prozent-Wunsches: (Warum möchte der Mitarbeiter diesen Prozentsatz)

- Paarmal am WE Kehrmaschine gefahren
- Paarmal in der Werkstatt was gemacht
- Ideen zur Verbesserung, z.B. Werkstatt, wenn man was machen muss

Pro und Contra: (Was sagen die Kollegen, warum er diesen Prozentsatz nicht bekommen/bekommen soll)

- Hat sich sehr gut engagiert, für viele Tätigkeiten. Ich denke, die 7%, die er verlangt hat, die stehen ihm zu.
- Ich sehe ihn sogar bei 10%, denn die Arbeiten, die man ihm zum Anfang der Woche übergibt, macht er alle sauber, da muss man nichts mehr schwätze. Er kommt auch, wenn er Probleme hat und fragt um Hilfe. Das ist super. Er sagt auch, wenn ihm was passiert ist, das ist sehr positiv. Hat ein hohes Maß an Einsatzbereitschaft: Sommerfarben, Schönbuch Trophy, man kann sich blind verlassen, wenn es keiner macht, er ist immer da.
- Ich bin dafür, dass er mindestens 10%, wenn nicht sogar 12% bekommt. Er war immer da, sofort da, man kann sich immer auf ihn verlassen, auch wenn mal was nebenher zu schweißen war, hat er das sogar zu Hause für uns fertig gestellt. Sagen wir 12%.
- Er hat es clever gemacht mit 7%, denn ich sehe ihn auch bei 10%. Wir haben Zeiten abgestimmt, als ich 4-Wochen-Mann war. Auf ihn war Verlass, am Wochenende arbeiten, da war er zweimal schon da, er hilft…, wenn er frei hat, das ist deutlich mehr als seine normale Arbeit.

Einigung aller Kollegen auf folgenden Prozent-Satz für den oben genannten Mitarbeiter: _10 (zehn)_Prozent

Herrenberg, den

Abb. 3.2 Ergebnisprotokollbeispiel für eine Verbesserung der Leistungsbewertung durch die kollektive Einschätzung

die Zukunft orientieren können. Damit wirkt das gefundene LOB-System tatsächlich als Steuerungsinstrument, das erwünschtes Verhalten und Einsatz honoriert und aufzeigt, in welche Richtung und an welchen Stellen Verhaltensänderungen erfolgen sollten. Die Gruppe hat beschlossen, das LOB-System regelmäßig mit allen gemeinsam zu überprüfen und es entweder in der bisherigen Form fortzuführen oder aber in Teilen, wenn notwendig, zu verändern.

Im Unterschied zur LOB, die sich an der Ausführung des Tagesgeschäftes orientiert, wird das durch das eingesparte Meistergehalt zur Verfügung stehende Budget ausschließlich für die Honorierung der Wahrnehmung von Führungsaufgaben eingesetzt. Unter Führungsaufgaben werden in diesem Zusammenhang im Bauhof sowohl die koordinierenden Tätigkeiten verstanden, die die 4-Wochen-Männer wahrnehmen, als auch Führungsaufgaben im weiteren Sinne der lateralen Führung und Selbstführung. So können beispielsweise auch Kollegen Anteile vom Meisterbudget erhalten, die sehr eigenständig und proaktiv arbeiten. Dadurch, dass sie sich gewissermaßen selbst führen, nehmen sie der Führungsriege Arbeit ab, was entsprechend vergütet werden soll. Ebenso können neben den 4-Wochen-Männern auch diejenigen Geld erhalten, die andere Kollegen anleiten und koordinieren, beispielsweise innerhalb ihrer Kolonne bzw. ihres Trupps. Grundgedanke der gefundenen Aufteilungsprinzipien ist auch hier, Eigenverantwortung zu stärken und zur Verantwortungsübernahme zu ermutigen. Die Verteilung des Meisterbudgets wird gemäß einer jährlich im Dezember neu festzulegenden, prozentualen Aufteilung, rückblickend auf das vergangene Jahr, durch die 4-Wochen-Männer vorgenommen und allen gegenüber transparent begründet. Die Auszahlung erfolgt summarisch per Einmalzahlung mit dem Februargehalt. Die sonstigen Entgeltgruppen der Mitarbeiter, die sich nach ihren Tätigkeiten richten, bleiben davon unberührt. Die Verteilung des Meistergehalts auf die einzelnen Beschäftigten in der Selbstorganisation erfolgt so lange, wie positive Auftragsabwicklungszahlen im Vergleich zu dem früheren „Bauhof-Modell" vorliegen. Jährlich wird die Entwicklung der Auftragszahlen dem Hauptamt im Rahmen eines Reportings vorgelegt. Die Aufteilung des Meistergehalts erfolgt unter dem Vorbehalt der erfolgreichen Leistungserbringung. Damit wird gute, unternehmerische Führungsleistung unmittelbar honoriert.

Die Prototypenphase stellte die Mitarbeiter des Bauhofs nicht nur vor die Herausforderung, für alle offenen Fragen eine Lösung zu finden. Darüber hinaus forderte sie Wissen und Kompetenzen, die sie so in ihrem bisherigen Arbeitsalltag gar nicht oder nur in Teilen erworben hatten. Daher wurde die Prototypenphase mit intensiven Maßnahmen zur Personalentwicklung kombiniert. Die Workshops wurden dazu genutzt, neben der Bearbeitung der inhaltlichen Problemstellungen Grundlagen der Moderation, Techniken der Gesprächslenkung und des Konfliktmanagements zu vermitteln. Begleitende studentische Arbeiten stellten Wissen über moderne Systeme der LOB zur Verfügung und die Studierenden unterstützten die Gruppe bei der Entwicklung ihrer eigenen Lösung. Die 4-Wochen-Männer wurden ab Sommer 2018 in das stadtweite Führungskräfteentwicklungsprogramm aufgenommen, wo sie ab sofort gemeinsam mit den Dezernenten, den Amtsleitungen und weiteren Führungsebenen in Führungsthemen fortgebildet wurden. Diese Maßnahme diente einerseits dem Aufbau von Führungskompetenzen, sollte aber auch andererseits dazu beitragen, das stadtweite Netzwerk der Mitarbeiter des Bauhofs zu erweitern und Hemmschwellen in der Kontaktaufnahme zu anderen Hierarchieebenen abzubauen. Darüber hinaus erhalten die 4-Wochen-Männer seit dem Ende der Prototypenphase ein regelmäßiges, begleitendes Team-Coaching, um aktuell auftretende Führungsfragen zu reflektieren und ihr Methodenwissen stetig zu erweitern. Überall dort, wo notwendig, werden fachliche Zusatzqualifizierungen angestoßen. Beispielsweise plant der Bauhof, zukünftig auszubilden, sodass ein Mitarbeiter aktuell die Ausbildereignungsprüfung absolviert.

3.2.4 Die Umsetzung und Evaluation

Seit Jahresbeginn 2019 arbeitet der Bauhof komplett eigenständig entlang der in der Prototypenphase gefundenen Regelungen. Die Prototypenphase endete mit dem erneuten gemeinsamen Beschluss von allen, weiterhin in der Selbstorganisation bleiben zu wollen. Für die Evaluation ist nun von Interesse, inwieweit die neue Struktur den Zielen, die mit der Umorganisation verfolgt wurden, gerecht wird. Wo gibt es Verbesserungen zur vorherigen Organisationsform, wo zeigen sich keine Veränderungen und wo sind möglicherweise sogar Verschlechterungen eingetreten, aus denen sich weitere Handlungsbedarfe ableiten lassen?

Für die Beantwortung dieser Fragen wurde zunächst ein Messmodell entwickelt, das sich an den Zielstellungen der Überführung des Bauhofes in die Selbstorganisation orientiert. Dazu wurden Effekte und Auswirkungen selbstorganisationsbasierter Strukturen in der Literatur gesichtet und den einzelnen Zieldimensionen zugeordnet. Im Anschluss daran wurden Interviewleitfäden entwickelt, die bezüglich jedes einzelnen Effektes erfassten, ob sich der Bauhof hier verbessert oder verschlechtert hat bzw. der Wahrnehmung nach gleichgeblieben ist und an welchen Beobachtungen die Interviewpartner ihre Einschätzung jeweils fest machen (Steck 2019). Dabei wurde unterschieden zwischen Variablen, die die gesamte befragte Stichprobe einschätzen konnte und solchen, deren

Beurteilung sinnvollerweise nur durch die Mitarbeiter des Bauhofs selbst bzw. die direkt an den Bauhof angrenzenden Bereiche innerhalb von TUG vorgenommen werden sollte (siehe Tab. 3.2).

Tab. 3.2 zeigt das eingesetzte Messmodell (in Anlehnung an Steck 2019, S. 102).

Befragt wurde eine Stichprobe aus insgesamt 28 Personen. Darunter waren insgesamt 6 Mitarbeiter aus dem Bauhof, davon 3, die zu den 4-Wochen-Männern gehörten. Acht Personen wurden aus den an den Bauhof angrenzenden Bereichen innerhalb von TUG einbezogen. Weitere 10 Personen waren Repräsentanten der internen Schnittstellen des Bauhofs innerhalb der Stadtverwaltung. Sie kamen aus den Bereichen Ordnungsamt, Familie, Bildung und Soziales, Amt für Wirtschaftsförderung, Gebäudemanagement, Friedhofsamt, Stadtjugendring und aus einem Kindergarten. Um auch externe Schnittstellen in die Stadtgesellschaft abzubilden, wurden weitere 4 Personen befragt, die mit dem Bauhof in der Rolle als Job Coach, Unternehmerin, Projektleitung bzw. Eventmanager in Kontakt kommen. Die Befragung fand im Herbst 2019 statt, also ca. 1,5 Jahre, nachdem der Bauhof in die Prototypenphase ohne Meister und den anschließenden „Echtbetrieb" eingestiegen ist.

Zu Beginn der Ergebnisdarstellungen soll besonders hervorgehoben werden, dass die überwiegende Mehrzahl aller Befragten dem Bauhof bei allen Dimensionen eine mindestens gleichbleibende, wenn nicht sogar eine sich verbessernde Leistungsfähigkeit bescheinigt hat. Die Stimmen, die Verschlechterungen beschrieben haben, waren in der deutlichen Minderheit. Das ist ein großer Erfolg für den Bauhof. Ist doch die Umstellung parallel zur Aufrechterhaltung des Tagesgeschäfts unter großer zeitlicher, aber auch persönlicher Zusatzbelastung der einzelnen Kollegen erfolgt.

Im Folgenden soll auf die Befunde zu den einzelnen Projektzielen näher eingegangen werden. Im Detail betrachtet werden dabei die Dimensionen, in denen 50 % und mehr der befragten Personen eine positive Veränderung sahen.

Abb. 3.3 zeigt die Auswirkungen der Selbstorganisation auf Prozesse und Arbeitsabläufe sowie auf die Bürgernähe.

Eine Verbesserung der Produktivität wird von 15 (53,5 %) der insgesamt 28 Befragten wahrgenommen. Sie wird vor allem damit begründet, dass die Auftragszahlen (abgearbeitete Aufträge) seit der Einführung der Selbstorganisation gestiegen sind. Im Jahr 2018 bearbeitete die Einheit 143 Einzelaufträge mehr, als im Vergleichszeitraum 2017. Im Jahr 2019 belief sich die Steigerung auf 97 Einzelaufträge, ebenfalls verglichen mit 2017. Einzelne Abteilungen, z. B. die Schilderwerkstatt oder der Tiefbau seien besser organisiert, als zuvor. Die Mitarbeiter des Bauhofs würden Aufträge im Team besprechen und diejenigen,

Tab. 3.2 Modell zur Messung der Effekte der selbstorganisationsbasierten Organisationsstruktur im Bauhof der Stadt Herrenberg

Projektziel	Auswirkung der Selbstorganisation auf…	Unterdimensionen	Beurteilende Stichprobe
Effektivere und effizientere Prozesse und Abläufe, mehr Bürgernähe	Produktivität	Produktivität (Quantitativ), Produktqualität, Ergebnis-/Problemlösungsorientierung	Gesamtstichprobe
	Innovationskraft		Gesamtstichprobe
	Kundennähe	Nähe zum Kunden, Dem Bauhof seitens der Kunden entgegengebrachtes Vertrauen, Qualität der Zusammenarbeit mit den Kunden	Gesamtstichprobe
	Kundenzufriedenheit	Zufriedenheit der Kunden mit der Zusammenarbeit, Zufriedenheit der Kunden mit den Produkten	Gesamtstichprobe
Verbesserung des Arbeitsklimas und der Motivation	Motivation		Bauhof und TUG intern
	Arbeitszufriedenheit		Nur Bauhof
	Arbeitsklima	Arbeitsklima allgemein, Anzahl an Machtkämpfen unter den Kollegen, Zusammenhalt und Gemeinschaft unter den Kollegen, Hilfsbereitschaft unter den Kollegen, Direktheit der Kommunikation	Bauhof und TUG intern, bis auf „Machtkämpfe“ und „Direktheit der Kommunikation“, da nur Bauhof
	Besprechungskultur	Anzahl der Teambesprechungen, Effizienz der Teambesprechungen	Nur Bauhof
	Entscheidungskultur	Geschwindigkeit der Entscheidungsfindung, Inhaltliche Substanz der Entscheidungen, Pünktlichkeit der Entscheidungen, Erlebte Sinnhaftigkeit der Entscheidungen, Akzeptanz der Entscheidungen	Nur Bauhof

(Fortsetzung)

Tab. 3.2 (Fortsetzung)

Projektziel	Auswirkung der Selbstorganisation auf...	Unterdimensionen	Beurteilende Stichprobe
Persönliches Wachstum und persönliche Entwicklung (der Bauhof als Karriereperspektive)	Kompetenzentwicklung	Entwicklung der Persönlichkeit, Fachliche Entwicklung	Gesamtstichprobe
	Flexibilität/ Veränderungsbereitschaft	Flexibilität des Teams in Bezug auf Tätigkeiten und Einsatzmöglichkeiten, Bereitschaft, Veränderungen zu akzeptieren und mitzugehen	Gesamtstichprobe
	Weitsicht/Eigeninitiative	Grad an Eigeninitiative, Bereitschaft, auch über das eigene Aufgabenfeld hinaus zu denken und zu handeln	Gesamtstichprobe bis auf „Grad an Eigeninitiative“, da nur Bauhof
Neue Entgeltperspektiven	Gehalt	Wahrgenommene Gehaltsgerechtigkeit im Vergleich zu den Kollegen, Wahrgenommene Orientierung des Gehalts an der eigenen, tatsächlichen Leistung	Nur Bauhof
	Leistungsorientierte Bezahlung	Transparenz der Leistungsorientierten Bezahlung, Wahrgenommene Gerechtigkeit der Leistungsorientierten Bezahlung	Nur Bauhof
Erhöhung der Arbeitgeberattraktivität und Stärkung der Mitarbeiter-bindung	Verbundenheit/ Identifikation	Verbundenheit/Identifikation mit der Tätigkeit, Verbundenheit/Identifikation mit dem Arbeitgeber	Nur Bauhof
	Arbeitgeberattraktivität		Gesamtstichprobe

die in derselben geographischen Richtung liegen, besser als früher miteinander verknüpfen. Dadurch würde Zeit für unnötige Fahrten eingespart. Die Zuständigkeiten im Bauhof seien insgesamt klarer und dadurch würde das Handeln schneller funktionieren. Die neu etablierten, direkten Wege wären unkomplizierter, da nach Auftragseingang der Mitarbeiter, der den Vorgang bearbeite, klar sei und damit auch als Ansprechpartner dienen könne. Es gäbe

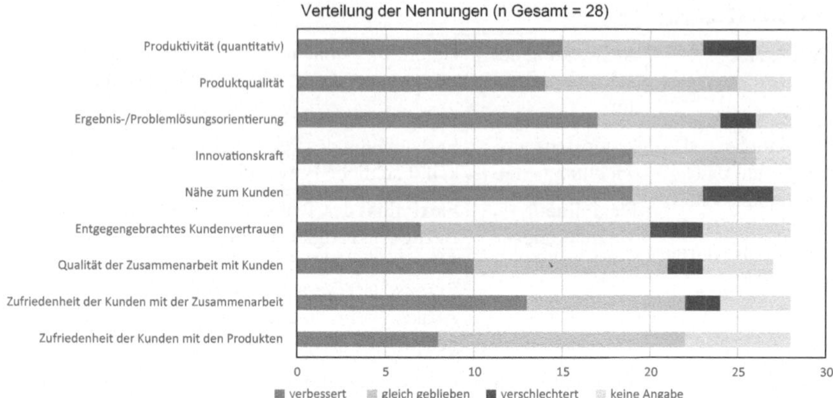

Abb. 3.3 Auswirkungen der Selbstorganisation auf Prozesse und Arbeitsabläufe sowie auf die Bürgernähe

keine Hürden mehr dazwischen. Die Abwicklung der Aufgaben würde in viel weniger Zeit, mit mehr Engagement und gewissenhafter erfolgen. Darüber hinaus würden keine zusätzlichen Pausen Einzug in den Tagesrhythmus halten. Die einzelnen Mitarbeiter dürften mehr Entscheidungen treffen, als zu den Zeiten, als sie noch einen Meister hatten und nach dessen Plan arbeiten mussten. Insgesamt 8 (28,6 %) Personen beschrieben die Produktivität als gleichgeblieben, 3 (10,7 %) schätzten sie sogar schlechter ein, als vor der Einführung der Selbstorganisation (siehe Abb. 3.3). Begründet wurde das damit, dass zwar einerseits viele Einzelaufträge bearbeitet werden, andererseits jedoch auch sehr viel Zeit für Besprechungen aufgewendet würde, wodurch das Tagesgeschäft liegen bliebe. In Abhängigkeit davon, welchen Bereich des Bauhofs man betrachten würde, wäre er in Teilen produktiver, in anderen unproduktiver. So würde teilweise auf Aufträge schneller reagiert werden. Andererseits liefen Tätigkeiten aber auch unkoordinierter ab. Darüber hinaus habe der Bauhof vermehrt Rüstzeiten.

Bezogen auf die Produktqualität sehen 14 (50 %) der Befragten eine Verbesserung, 11 (39,3 %) beurteilen sie als gleichgeblieben und niemand stellte eine Verschlechterung fest. Als ursächlich für die Verbesserung wird vor allem gesehen, dass es keine Abnahme durch den Meister mehr gibt, sondern jeder selbst dafür verantwortlich sei, dass die Aufträge zu 100 % stimmen. Schlechte Arbeit würde direkt auf die einzelnen Mitarbeiter rückgespiegelt werden und fiele dem Bauhofteam somit wieder „direkt auf die Füße". Darüber hinaus stünde das Team unter der Beobachtung der gesamten Verwaltung. Als direkte

Ansprechpartner müssten sich die Mitarbeiter rechtfertigen und erklären, wenn Arbeiten nicht, wie geplant, ausgeführt werden könnten. Begründet durch das Teamgefühl würden auf der Fahrt durch die Stadt auch Dinge mit erledigt, die eigentlich nicht in das eigene Aufgabenfeld gehörten. Die insgesamt spürbare Steigerung der Motivation wirke sich nicht nur auf die Quantität, sondern auch auf die Qualität der Auftragserledigung aus.

Die Ergebnis-/Problemlösungsorientierung wurde von 17 (60,7 %) befragten Personen als verbessert beschrieben. Sieben (25 %) sahen keine Veränderung und 2 (7,1 %) nahmen eine Verschlechterung wahr. Ausschlaggebend sei dabei unter anderem, dass die Selbstorganisation dem Bauhofteam neue Freiheiten und auch Möglichkeiten eröffne. Müllbeseitigung und Stadtreinigung sind mittlerweile flexibler unterwegs. Die Mitarbeiter hätten nun verstärkt eine Zuordnung von Aufgaben, welche sie gern machen würden. Früher wären Aufträge ausgeführt worden, weil der Vorgesetzte es gesagt hat. Heute seien die Mitarbeiter in der Selbstverantwortung und möchten, dass es auch richtig gemacht wird. Darüber hinaus würde es sich auch hier positiv niederschlagen, dass die Kunden direkt mit den zuständigen Mitarbeitern sprechen könnten. Dadurch, dass die Mitarbeiter selbst die Verantwortung tragen, würden sie auch selbst Termine vereinbaren und zügig auf Nachrichten antworten. Sie würden ihre Aufgaben genauer kennen und wissen, welche Aufträge noch zur Erledigung anstünden. Dies würde es den Bauhofmitarbeitern ermöglichen, ihre Aufträge miteinander zu verknüpfen und somit ergebnisorientierter zu arbeiten. Es würde im Vorfeld nichts versprochen, das nicht gehalten werden könne. Die Bereitschaft der Bauhofmitarbeiter, eine Lösung zu finden, sei gestiegen, auch kurzfristig, abends oder am Wochenende (z. B. bei der Sperrmüllabfuhr im Kindergarten). Die Personen, die keine Veränderungen bemerkt haben, gaben an, dass der Meister auch vorher schon geschaut habe, dass die Mitarbeiter pragmatisch unterwegs seien und dass es keine großen Verzögerungen gäbe. Das würden die Mitarbeiter selbst jetzt genauso machen. Darüber hinaus seien auch schon davor die ausführenden Personen eines Auftrags an einem Tisch gewesen. Vermisst wurde Ergebnis-/Problemlösungsorientierung in einem Fall mit Blick auf die Beschilderungen. Hier wurde die Erwartungshaltung formuliert, dass der Bauhof proaktiv über nicht funktionierende Schilder informieren möge, da sich darüber auch die Bürger beschweren würden. Durch bessere Vernetzung könnte man besser Bescheid wissen.

Die Innovationskraft des Bauhofs wurde von 19 (67,8 %) der Befragten als verbessert und von 7 (25 %) der Befragten als gleichgeblieben, bewertet. Verschlechterungen wurden nicht festgestellt. Die Befragten, welche sich dafür aussprachen, dass der Bauhof innovativer arbeitet, gaben an, dass dies unter anderem mit der Ausstattung der Mitarbeiter mit mobilen Endgeräten, der Einführung neuer Programme – wie beispielsweise einer Kanban-Lösung für die Steuerung der Aufträge – und der besseren Erreichbarkeit zusammenhänge. Weiterhin sei die Steigerung der Innovationen darauf zurückzuführen, dass die Mitarbeiter selbstständiger und freier arbeiten könnten und dadurch auch neuen Techniken offener gegenüberstehen würden. So würden sie mittlerweile Sensoren nutzen, die bei der Leerung der Mülleimer und bei der Optimierung der Müllstrecke unterstützen und hätten den Mängelmelder so weiterentwickelt, dass Bürgerinnen und Bürger den von ihnen in der Freizeit gesammelten Müll direkt an den Bauhof zur Abholung melden könnten. Manche Ideen der Mitarbeiter, zum Beispiel die Einführung eines neuen Beschilderungssystems, würden jedoch an den übergeordneten Stellen scheitern oder daran, dass die Aufträge keinen großen Spielraum für Innovationen zuließen. Positiv wurde weiterhin hervorgehoben, dass im Bauhof mittlerweile drei Menschen mit Behinderung eingestellt worden seien. Das hätte es bisher nicht gegeben und sei sehr zu begrüßen. Zurückzuführen ist dies darauf, dass die Mitarbeiter einige der anstehenden Arbeiten so umorganisiert haben, dass sie von Menschen mit Handicap gut durchgeführt werden können.

Auch die Kundennähe wurde von 19 (67,8 %) Personen als deutlich stärker ausgeprägt wahrgenommen. Vier (14,3 %) Personen beschrieben sie als gleichgeblieben und 4 (14,3 %) Personen sahen einen stärkeren Abstand des Bauhofs zu seinen Kunden, als vor der Einführung der Selbstorganisation. Die Tatsache, dass sich die Mitarbeiter wesentlich näher an den Kunden beziehungsweise Auftraggebern befinden, beruhe darauf, dass sie direkt und von Anfang an mit den Kunden in Kontakt stehen, für die sie später den Auftrag ausführen. Das Fehlen der „Schnittstelle Meister“ hätte die Zusammenarbeit und auch die Nähe zu den Kunden sehr zum Positiven gewandelt. Die Kunden würden vom jeweiligen Ansprechpartner eine Rückmeldung zum Stand der Arbeitsausführung erhalten und könnten sich bei Fragen an ihn wenden. Für den Umgang mit den Kunden sei es ebenfalls hilfreich gewesen, dass das Führungskräfteentwicklungsprogramm mit den Amtsleitern und den Bürgermeistern durchgeführt wurde. Das, was von der Mehrzahl der Befragten als positiv beschrieben wird – nämlich das Fehlen der dazwischengeschalteten Koordinationsstelle in Person des Meisters – wird von 4 Personen als ursächlich für die wahrgenommene Verschlechterung benannt. Früher habe man einen Ansprechpartner gehabt, heute wisse man nicht genau, wen man ansprechen könne.

Die Abb. 3.4 und 3.5 zeigen die Auswirkungen der Selbstorganisation auf die Dimensionen des Arbeitsklimas und die Motivation der Beschäftigten. Befunde hierzu wurden nur TUG intern (insgesamt 14 Befragte) oder sogar nur bei den Beschäftigten des Bauhofs (insgesamt 6 Befragte) erhoben.

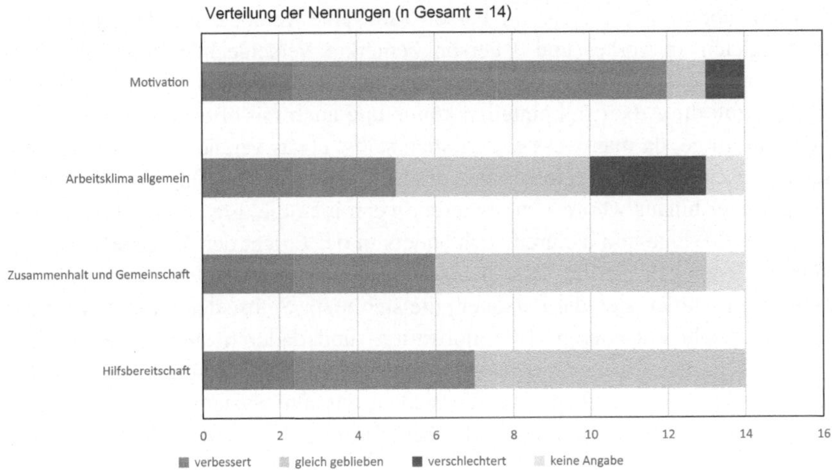

Abb. 3.4 Auswirkungen der Selbstorganisation auf Motivation und Arbeitsklima

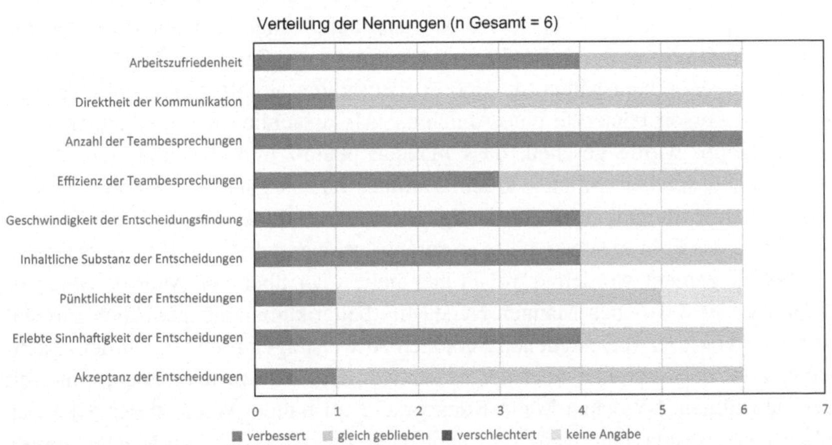

Abb. 3.5 Auswirkungen der Selbstorganisation auf Arbeitszufriedenheit, Direktheit der Kommunikation, Besprechungs- und Entscheidungskultur

Wie auch schon aus den zuvor berichteten Befunden hervorging, wurden starke Veränderungen im Bereich der Motivation (siehe Abb. 3.4) gesehen. So beschrieben 12 (85,7 %) von 14 Befragten die Mitarbeiter des Bauhofs als deutlich motivierter, 1 (7,14 %) Person sah keine Veränderung der Motivation im Vergleich zu vorher und 1 Person bemerkte Verschlechterungen. Die Verbesserungen würden damit zusammenhängen, dass man sich durch die Selbstorganisation die Arbeit frei einteilen könne und auch mit offeneren Augen durch die Stadt ginge, da man wüsste, dass man selbst etwas verändern könne. Weiterhin würde es eine Rolle spielen, dass die Mitarbeiter mehr Geld verdienen könnten. Darüber hinaus würde es motivieren, wenn man die direkten Reaktionen der Bürger mitbekäme und dadurch auch anders in der Pflicht der Aufgabenerfüllung stünde. Ursächlich für die Verschlechterung der Motivation seien zwei Gründe. Zum einen würden sich die Personen, die sich mehr Selbstständigkeit gewünscht hatten, zu sehr engagieren (Übermotivation) und dadurch an ihre Belastungsgrenzen kommen. Darüber hinaus würde es einige wenige Personen geben, denen das neue System nicht liegt und die sich in das alte System zurückwünschen. Streitereien mit diesen würden sich ebenfalls negativ auf die Motivation auswirken.

Letztere Aussage wird gestützt durch die (nicht in den Abbildungen dargestellten) Befunde über die Häufigkeit von Machtkämpfen unter den Kollegen. Die Häufigkeit der Machtkämpfe wurde von den Bauhofmitarbeitern selbst und den Kolleginnen und Kollegen der an den Bauhof angrenzenden Bereiche von TUG beurteilt. So waren 7 (50 %) der 14 Befragten der Meinung, dass die Machtkämpfe zugenommen hätten, 4 (28,6 %) beurteilten sie als gleichgeblieben und 1 (7,1 %) Person bemerkte eine Abnahme. Als ursächlich für die Zunahme der Machtkämpfe wurde gesehen, dass manche überall mitreden und sich in den Vordergrund spielen wollen würden. Darüber hinaus gäbe es Unstimmigkeiten über Verantwortungen und Zuständigkeiten, jeder fühle sich als „Chef". Insbesondere das Führungsteam hätte es anfangs schwer gehabt, weil mehr gelästert, als richtig geredet worden wäre. Früher habe man über den Meister gelästert, dann über die 4-Wochen-Männer. Neue Mitarbeiter kämen nicht wirklich zurecht, wenn sie von drei verschiedenen Personen Anweisungen erhalten würden. Fachleute, z. B. der Schreiner oder der Maler würden Aufträge annehmen, ohne mit dem jeweiligen 4-Wochen-Mann Rücksprache zu halten. Wenn dieser dann den Mitarbeiter bereits anderweitig verplant habe, dann würde es zu Machtkämpfen darüber kommen, wessen Auftrag nun zuerst ausgeführt wird. Darüber hinaus gäbe es unterschiedliche Arbeitsauffassungen. Es wurde allerdings auch bemerkt, dass die Machtkämpfe zu Beginn der Selbstorganisation häufiger gewesen seien, als zum Zeitpunkt der Befragung. Im Laufe der Zeit habe sich herausgestellt, dass man als Team besser funktioniert, weshalb man jetzt besser zusammenhalten und arbeiten würde. Ausschlaggebend dafür wäre auch gewesen, dass man gelernt habe, seine Meinung offen zu sagen und ordentlich darüber zu sprechen.

Trotz der internen Differenzen, die in den Dimensionen „Motivation“ und „Machtkämpfe“ benannt werden, zeigt Abb. 3.5 sehr deutlich, dass die Arbeitszufriedenheit insgesamt gestiegen ist. 4 (66,7) der 6 dazu befragten Bauhofmitarbeiter beschrieben diese Verbesserung, die beiden anderen beurteilten die Arbeitszufriedenheit als gleichgeblieben. Ursächlich dafür sind vor allem die bereits in den vorherigen Abschnitten beschriebene Zunahme an Gestaltungsspielraum und Eigenverantwortung. Darüber hinaus wurde angemerkt, dass früher der Meister das Lob bekommen habe, welches nun direkt beim jeweiligen Mitarbeiter ankäme.

Deutliche Veränderungen zeigen sich auch bei den Teambesprechungen (Abb. 3.5) und der Entscheidungsfindung (Abb. 3.5). Beide Dimensionen stehen in ursächlichem Zusammenhang mit der Leistungsfähigkeit einer Organisationseinheit. Alle 6 (100 %) befragten Mitarbeiter des Bauhofs gaben zunächst an, dass es seit der Einführung der Selbstorganisation mehr Teambesprechungen im Bauhof gibt. Ein Befragter erweiterte die Antwort sogar um die Nennung „viel mehr“. Dies hänge damit zusammen, dass es vor der Einführung der Selbstorganisation zehn Jahre lang keine Teambesprechungen gab, bei denen alle um einen Tisch saßen. Jeder sei morgens einzeln zum Meister gekommen und habe sich seine Aufträge abgeholt. Im Rahmen der Selbstorganisation gäbe es jedoch auch mehr zu besprechen, um gemeinsam an einem Strang ziehen zu können. Bezogen auf die Effizienz der Teambesprechungen sahen 3 (50 %) Personen eine Verbesserung, weitere 3 Personen beschrieben sie als gleichgeblieben. Man habe jetzt einen „direkten Draht“ zum Rathaus und die Informationen würden an alle weitergegeben. Es wird alles besprochen (z. B. Urlaube, Aufträge, Neuigkeiten, Unterstützungserfordernisse). Wenn etwas unklar sei, dann würden die 4-Wochen-Männer die Themen klären und Bescheid geben. Früher habe man seinen Auftrag abgearbeitet und sei dann wieder reingekommen, um den nächsten zu holen. Weiterführende Informationen habe man nicht gehabt. Nun wüssten die Mitarbeiter, was sie den Tag über zu erledigen hätten. Verbesserungen in der Geschwindigkeit der Entscheidungsfindung (4 der Befragten [66,7 %]), der inhaltlichen Substanz von Entscheidungen (4 der Befragten [66,7 %]) und der erlebten Sinnhaftigkeit von Entscheidungen (4 der Befragten [66,7 %]) gehen mit der verbesserten internen Kommunikation und der dadurch erzeugten Meinungsvielfalt ebenfalls einher (Abb. 3.5). Bezogen auf die inhaltliche Substanz von Entscheidungen wurde darüber hinaus angemerkt, dass der Meister früher immer das Arbeitsmaterial selber bestellt habe, obwohl er gar nicht damit gearbeitet hätte. Jetzt trifft derjenige die Entscheidungen, der auch mit den Dingen umgehen muss (z. B. Bohrmaschine, Rasenmäher, Heckenschere). Die Sinnhaftigkeit getroffener Entscheidungen wurde in Bezug auf die Vorstellungsgespräche nochmals gesondert hervorgehoben. Man schaue heute darauf, dass man Leute einstellen würde, die bereit wären, Verantwortung zu übernehmen und die darüber hinaus gut ins Team passen würden. Natürlich könnten die 4-Wochen-Männer nur Leute aussuchen, die schlechter sind als sie selbst, dann müssten sie das Meisterbudget nicht weiter teilen. Aber das sei überhaupt nicht zielführend. Man würde sehr darauf achten, gute Leute zu bekommen.

Die mit dem Projektziel: „Persönliches Wachstum und persönliche Entwicklung – der Bauhof als Karriereperspektive" verbundenen Ergebnisse werden in Abb. 3.6 betrachtet.

In allen Bereichen des persönlichen Wachstums und der persönlichen Entwicklung zeigen sich deutliche Verbesserungen. So geben 21 (75 %) der Befragten an, dass sich die Mitarbeiter persönlich weiterentwickelt hätten. Vierzehn (50 %) sehen darüber hinaus auch eine fachliche Weiterentwicklung bei den Beschäftigten. Jeweils 19 (67,8 %) der Befragten bescheinigen dem Bauhof eine verbesserte Tätigkeits- und Einsatzflexibilität sowie eine erhöhte Veränderungsbereitschaft. 14 Befragte (50 %) nehmen eine über das eigene Aufgabenfeld hinaus gesteigerte Weitsicht wahr (siehe Abb. 3.6).

Ursächlich für die persönliche Weiterentwicklung seien die nun vielfältigeren Tätigkeitsfelder – miteingeschlossen die Übernahme von Führungsaufgaben – sowie die Erweiterung der technischen Kenntnisse. So mussten diejenigen, die keine Führungsaufgaben wahrnehmen, akzeptieren lernen, dass sie ihre Anweisungen nun von Kollegen bekommen. Das würde mittlerweile funktionieren. Insgesamt

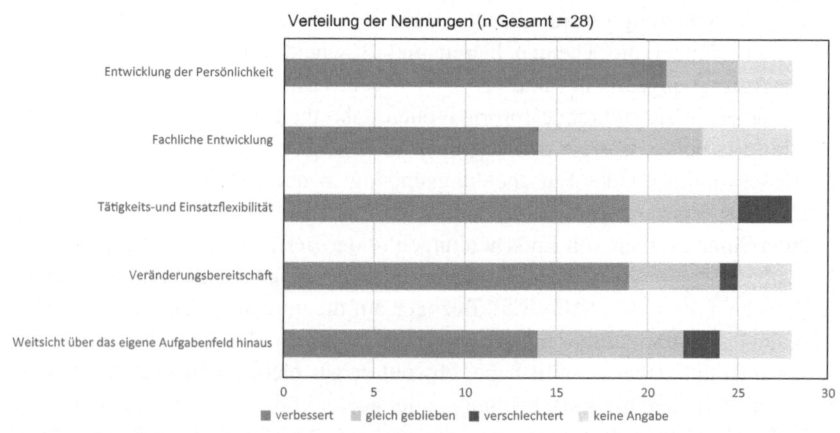

Abb. 3.6 Auswirkungen der Selbstorganisation auf die Personalentwicklung

sei auch die Toleranz füreinander und die soziale Kompetenz im Team gewachsen. Diejenigen mit Führungsaufgaben müssten sich im Führungsteam immer wieder finden und zu Ergebnissen kommen. Sich schimpfend zurück zu ziehen und sich nur noch um die eigenen Angelegenheiten zu kümmern, ginge nicht mehr. Man müsse sich zusammenreißen und gemeinsam Lösungen finden. Hier hätte jeder einen Entwicklungsschritt gemacht. Darüber hinaus habe das Führungskräfteentwicklungsprogramm neue Anstöße gegeben – für die eigene Weiterentwicklung, aber auch dadurch, dass die Mitarbeiter die Gelegenheit hatten, gemeinsam mit der Führungsspitze der Stadtverwaltung an der Fortbildung teilzunehmen. Dadurch hätten sich unter anderem ihre Selbstsicherheit und ihre Ausdrucksweise verbessert, weshalb sie sich auch im Nachhinein trauen würden, auf diese Personen zuzugehen. Entwicklungspotenziale gäbe es noch hinsichtlich des Fingerspitzengefühls für politische Strömungen und in Verhandlungen. Darüber hinaus könne auch an der Kommunikation noch weitergearbeitet werden.

Die fachliche Weiterentwicklung sei vor allem darauf zurückzuführen, dass das Bauhofteam mittlerweile vermehrt mit dem Computer arbeite und differenziertere Aufgaben – Verwaltungstätigkeiten eingeschlossen – übernehmen würde, die nur machbar seien, wenn man bereit sei, sich weiterzuentwickeln und von sich aus Fortbildungen zu besuchen. Der Meister habe früher immer die gleichen Arten von Aufträgen an die gleichen Personen verteilt. Heute bauen Mitarbeiter zum Beispiel gemeinsam mit der Elektroabteilung Sensoren ein (u. a. Löcher bohren, Asphalt schneiden, Kabel verlegen etc.), die so etwas früher nicht gemacht hätten. Dadurch würden auch gelegentlich unbekannte Talente entdeckt. So hat beispielsweise ein Mitarbeiter der Müllstrecke dabei geholfen, eine Bushaltestelle zu demontieren. Das habe er zur Überraschung aller sehr gut gemacht. Aufträge würden stärker als bisher durchdacht und verknüpft und nicht einfach nur „blind“ vom Meister übernommen und abgearbeitet. Die Aktivitäten einzelner Bauhofmitarbeiter bei Facebook wurden als weitere Belege für eine fachliche Weiterentwicklung angeführt.

Bezogen auf die Tätigkeits- und Einsatzflexibilität wurde betont, dass der Bauhof bereits früher sehr flexibel sein musste, um auf kurzfristige Aufträge angemessen reagieren zu können. Die nunmehr variablere Aufgabenaufteilung und die vorgenommene, sinnvolle Priorisierung der Aufträge würden diese Flexibilität weiter unterstützen. Darüber hinaus würde eine Rolle spielen, dass sich das Bauhofteam beweisen möchte und aufgrund der gestiegenen Eigenverantwortung weniger Rücksprache halten müsse. Diejenigen (3 von 28), die Verschlechterungen in der Flexibilität wahrnahmen, begründeten dies damit, dass das Bauhofteam starrer geworden sei, eine Arbeit nach der anderen fertig stellen und Aufträge ablehnen würde. Darüber hinaus würde Personalmangel die Flexibilität einschränken. Auch sei es abhängig vom jeweiligen 4-Wochen-Mann, wie viel Flexibilität möglich sei.

Die Veränderungsbereitschaft des Bauhofteams sei vor allem die Grundlage dafür gewesen, dass man sich überhaupt die Selbstorganisation gewünscht und sich darauf eingelassen habe. Darüber hinaus seien die Mitarbeiter offen für Geschäftsprozessoptimierungen, die „ohne mit der Wimper zu zucken" parallel zum Tagesgeschäft ablaufen würden. In einem kontinuierlichen Verbesserungsprozess würden sie sich ständig hinterfragen, feststellen, was man besser machen könne und die Dinge dann auch tatsächlich ändern. Ideen werden aus Eigeninitiative eingebracht und führen zu Veränderungen in der Arbeitsausführung (z. B. wurde das Fundamente bohren „neu erfunden", eine weitere Idee führte zu einer Verbesserung beim Aufbau der Weihnachtsmarkthütten usw.). Die Veränderungsbereitschaft sei im Bauhof allerdings nicht gleich verteilt. So habe es auch bereits in der früheren Organisationsform Personen gegeben, die offen für Veränderungen gewesen wären und andere nicht. Das sei heute nicht anders. Wesentlich für die Veränderungsstimmung im Bauhof sei auch die Amtsleitung, die das Team mit Ideen anreichern und zu Veränderungen ermutigen würde.

Die über das eigene Aufgabenfeld hinaus gehende Steigerung der Weitsicht wurde vor allem daran festgemacht, dass den Mitarbeitern des Bauhofs bei ihren Fahrten durch die Stadt oftmals Schwachstellen, wie beispielsweise ein defekter Mülleimer, auffallen, die diese dann auch gleich beheben würden, selbst wenn sie dafür nicht zuständig seien.

Abb. 3.7 zeigt die Auswirkungen der Selbstorganisation auf die Entgeltperspektiven.

Die Gehaltsverteilung wurde von 4 (66,7 %) der 6 dazu befragten Bauhofmitarbeiter seit Einführung der Selbstorganisation als gerechter empfunden. 2 (33,3 %) sahen diesbezüglich keine Veränderungen. Das Gehalt würde sich darüber hinaus, der Meinung von 3 (50 %) Befragten zufolge, auch stärker an der tatsächlichen Leistung orientieren. Die anderen 3 Personen sahen hier keine Veränderungen im Vergleich zu vorher (siehe Abb. 3.7). Gerechter sei das Gehalt nun vor allem deshalb, weil das Bauhofteam für die Ausführung der Tätigkeiten des Meisters, welche es – nach eigener Aussage – bereits vor der Einführung der Selbstorganisation auch schon stellenweise übernommen hätte – entlohnt wird. Die Aufteilung des Meistergehalts wird von fast allen Befragten als wesentlicher Faktor angeführt und diene als Ansporn, um die Selbstorganisation weiter zu unterstützen und mitzudenken. Die Gerechtigkeit der LOB bezeichneten 5 (83,3 %) der 6 Befragten als verbessert. Eine Person machte dazu keine Angabe. Der Prozess der Vergabe der LOB wurde von 3 (50 %) Personen als transparenter, im Vergleich zu vorher, bezeichnet. Drei weitere Personen trafen diesbezüglich

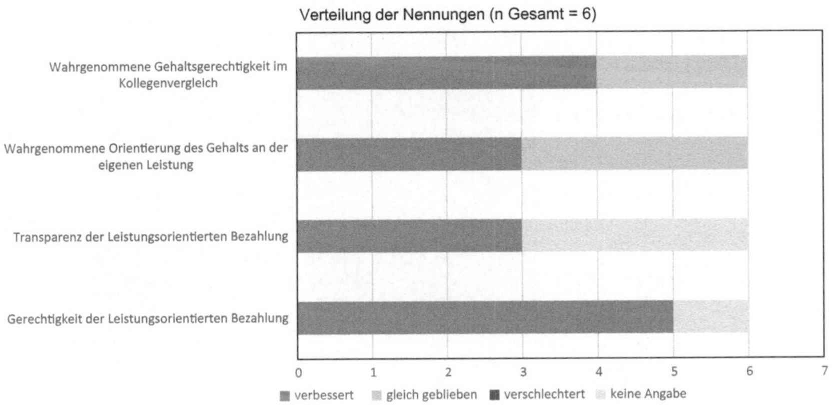

Abb. 3.7 Auswirkungen der Selbstorganisation auf Entgeltperspektiven

keine Aussagen. Ausschlaggebend für die gesteigerte Transparenz und Gerechtigkeit der LOB ist das neu entwickelte Verfahren der kollegialen Leistungsbewertung. Früher habe der Meister seine Beurteilung hingeschrieben und die Punkte verteilt. Heute würden alle Kollegen gehört und könnten ihre Meinung auch zu den anderen äußern. In der offenen Diskussion wurde Kritik geäußert, aber auch positives Feedback gegeben. Diese Rückmeldung durch die Kollegen wäre fast wichtiger gewesen, als das Geld, denn eine solche bekäme man im Arbeitsalltag normalerweise nicht. Früher hätte es immer Stress mit dem Meister wegen der Beurteilungen gegeben. Heute wüsste jeder, wie seine Beurteilung zustande gekommen ist. Für einige sei die LOB-Runde ein „Weckruf" gewesen und hätte Anstoß gegeben, die eigene Leistung und den eigenen Einsatz zu überdenken.

Abb. 3.8 zeigt die Auswirkungen der Selbstorganisation auf die Mitarbeiterbindung.

Wie die zuvor berichteten Befunde schon vermuten lassen, werden sowohl bei der Verbundenheit/Identifikation mit der Tätigkeit (4 von 6, 66,7 %), als auch bei der Verbundenheit/Identifikation mit dem Arbeitgeber (3 von 6, 50 %) Steigerungen festgestellt. Jeweils 2 Personen beurteilten beide Dimensionen als unverändert. Eine Person (16,7 %) stellte, bezogen auf die Verbundenheit/Identifikation mit dem Arbeitgeber, eine Verschlechterung fest (siehe Abb. 3.8). Zusätzlich zu dem Fakt, dass man durch die Selbstorganisation nun direkt für seine Aufgaben verantwortlich sei, würde man das Ergebnis seiner Arbeit bei einem Spaziergang mit der Familie durch Stadt sehen. Das mache stolz auf das Geleistete und würde

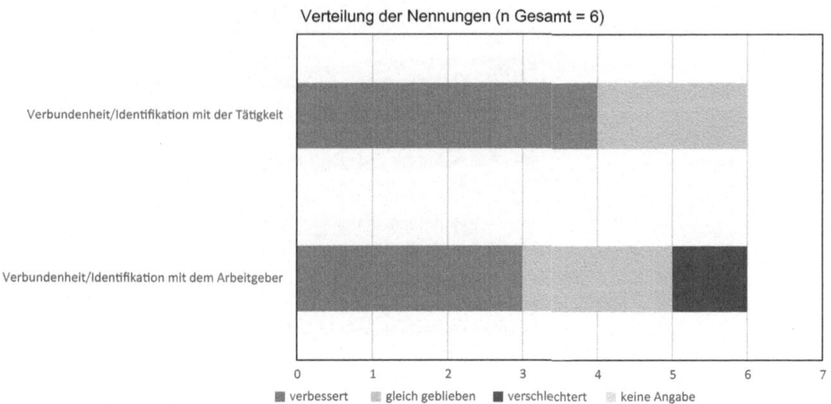

Abb. 3.8 Auswirkungen der Selbstorganisation auf die Mitarbeiterbindung

die Verbundenheit stärken. Die erlebte Verbundenheit würde auch dazu führen, dass Mitarbeiter ihren Kindern empfehlen würden, beim Bauhof anzufangen.

Sehr beeindruckend sind die Ergebnisse zur Auswirkung der Selbstorganisation auf die Arbeitgeberattraktivität (nicht in Abb. 3.8 enthalten). Hierzu wurde wiederum die gesamte Stichprobe befragt. So bewerteten 16 (57,1 %) Personen die Attraktivität des Bauhofs als gestiegen, 8 (28,6 %) schätzten sie als gleich geblieben ein. Vier Personen machten zu dieser Dimension keine Angabe. Durch die Selbstorganisation könne man wirklich gute Leute „anlocken". Die Option auf die Wahrnehmung von Führungsaufgaben, die starke Eigenständigkeit und die Aussicht auf einen höheren Verdienst würden qualifizierte Menschen interessieren, die man früher so nicht bekommen hätte. Darüber hinaus sei die Anzahl der Bewerbungen insgesamt gestiegen. Auf die letzten beiden ausgeschriebenen Stellen habe man ungefähr 40 Bewerber gehabt. Die öffentliche Wahrnehmung in den Medien, die Aktivitäten der Mitarbeiter auf Facebook (sowohl zur Personalgewinnung, aber auch zur Kommunikation ihrer Projekte und Tätigkeiten) und die Anstrengungen der Amtsleitung, das Modell bekannt zu machen, würden stark dazu beitragen, dass der Bauhof Herrenberg auf breiter Fläche wahrgenommen werde. In den Stellenanzeigen würde ein „Wir-Gefühl" kommuniziert, das sehr anziehend und attraktivitätssteigernd wirken würde. Die Selbstorganisation könne allerdings auch abschrecken. Nämlich diejenigen, die sich nicht vorstellen könnten, in einer solchen Organisationsform zu arbeiten, sondern froh wären, wenn sie ihre Aufgaben vorgedacht bekämen und nichts selbst organisieren müssten.

Zusammenfassend kann festgehalten werden, dass die mit der Umstellung auf die Selbstorganisation verbundenen Herrenberger Projektziele durchgängig erreicht wurden. Darüber hinaus zeigen sich beim städtischen Bauhof die gleichen positiven Effekte hinsichtlich der Produktivität, der Innovationskraft, der Qualität von Entscheidungen, der Kundennähe und Kundenzufriedenheit, des Arbeitsklimas, der Arbeitszufriedenheit und der Motivation, des persönlichen Wachstums und der persönlichen Entwicklung sowie der Arbeitgeberattraktivität und Mitarbeiterbindung bis hin zur Eröffnung monetärer Spielräume, wie sie auch aus der Literatur in Bezug auf die Auswirkungen der Selbstorganisation bereits bekannt sind (Hackl et al. 2017; Glogner und Rösner 2017; Hamel 2011; Laloux 2015; Bauer et al. 2019; Dionne et al. 2004; Fischer et al. 2019; Bernstein et al. 2016; Zeuch 2015; Aulinger 2017; Sattelberger et al. 2015). Allerdings wurden diese Effekte bislang überwiegend an Wirtschaftsorganisationen nachgewiesen. Das Beispiel eines städtischen Bauhofs ist momentan einmalig.

Auch die gefundenen negativen Effekte decken sich mit den Erkenntnissen aus anderen Forschungsarbeiten zur Einführung der Selbstorganisation. So erhöht sich das interne Konfliktpotenzial bei Wegfall der direkten Führungskraft zunächst nachvollziehbar, denn die Mitarbeiter müssen gemäß dem Modell der Teamentwicklungsphasen nach Tuckman (1965) ihre Rollen neu finden. Darüber hinaus zeigen auch andere Studien (Laloux 2015, S. 67), dass der Wegfall des Vorgesetzten bei Mitarbeitern, die gewohnt waren, dort Rat und Unterstützung zu finden, anfangs Frust und Verlorenheitsgefühle auslösen kann. Wird diese Situation aber gemeistert, so wirkt sich das positiv auf die Motivation aus. Allerdings ist nicht jede Person für das Arbeiten in selbstorganisierten Einheiten geschaffen, was häufig weniger mit dem kognitiven Können, als mit den kulturellen Gewohnheiten zu tun hat. Für diese Personen sinkt die Arbeitgeberattraktivität und sie werden die Organisation über kurz oder lang verlassen bzw. sich nicht bei ihr bewerben (Hamel 2019). Insgesamt ist während der Umstellung auf Selbstorganisation mit Fluktuation zu rechnen. Aufgrund von fehlender Befähigung der Mitarbeitenden, verspäteter Bereitstellung von Informationen oder auch mangelnder Verständlichkeit von Informationen kann auch die Kundenzufriedenheit zunächst sinken (Bauer et al. 2019, S. 41 f.). Vor dem Hintergrund dieser Erkenntnisse können die zuvor vereinzelt benannten, negativen Effekte beim Bauhof Herrenberg noch besser eingeordnet und verstanden werden.

Insgesamt hat die Umstellung des Bauhofs Herrenberg gezeigt, dass durch die Agilisierung der Organisationsstruktur nochmals weitaus mehr Potenziale gehoben werden können, als allein durch herkömmliche Methoden der Geschäftsprozessoptimierung. Ein solches Vorhaben ist allerdings kein „Selbstläufer“. Die Einführung selbstorganisationsbasierter Strukturen braucht eine sehr enge

Flankierung und Unterstützung. Die Mitarbeitenden müssen begleitet und dazu befähigt werden, Aufgaben wahrzunehmen, die sie so noch nicht hatten. Sonst scheitert das Vorhaben möglicherweise an Ängsten, Konflikten, Unsicherheit und Scheu. Oder aber es wird zu früh aufgegeben, wenn die ersten Schwierigkeiten auftreten. Bei der Umstellung handelt es sich um einen langen Prozess, der mit der nötigen Ausdauer durchgehalten werden muss. Darüber hinaus brauchen Mitarbeitende, die bereit sind, Selbstorganisation zu wagen, auch die Erlaubnis, Fehler zu machen und sich auszuprobieren. Das Umfeld darf nicht erwarten, dass alles wie zuvor funktioniert. Die Umstellung auf Selbstorganisation ist nicht geräuschlos zu haben. Mindestens genauso wichtig ist es aber auch, Erfolge zu feiern, um das neue Selbstbewusstsein zu festigen und den Mitarbeitern ein Gefühl für das bereits Erreichte zu geben. Selbstorganisation braucht trotz allem auch Hierarchie an der Spitze. Denn strategische Entscheidungen und auch disziplinarische Führung sind nicht in Gänze übertragbar. Darüber hinaus ist es wichtig, dass die Spitzenführungskraft hinter ihrer Einheit steht. Denn Selbstorganisation ist auch immer ein „Angriff“ auf das Etablierte. Auch in Herrenberg stand die restliche Organisation dem Vorhaben nicht ausschließlich wohlwollend gegenüber. Ganz im Sinne der integrierten Organisationsentwicklung ist auch eine selbstorganisierte Einheit niemals fertig. Um nachhaltig zu sein, muss sie sich immer weiter optimieren.

3.3 Phase III: Der Bauhof als Innovationstreiber für die Digitalisierung der Stadtverwaltung insgesamt

Nachdem die Mitarbeiter in der Selbstorganisation aufgegangen sind und sich darin weiterentwickelt haben, stand im Herbst 2019 für TUG Herrenberg ein weiterer Schritt der Geschäftsprozessoptimierung an. Dieses Mal, um Freiräume für qualitativ höherwertiges Arbeiten zu schaffen, um die durch die Selbstorganisation entstandene Identifikation sowie Verantwortungsübernahme weiter zu stärken und die freigesetzte, jetzt erlaubte Kreativität zu fördern. Ziel ist es, die Mitarbeiter von wiederkehrenden einfachen Alltagstätigkeiten durch Optimierung, Digitalisierung sowie Automation zu entlasten.

Nach einer internen Abstimmung wurden hierzu folgende Aufgabenbereiche identifiziert: Ausleihe von Gegenständen wie Geschirrmobil, Schilder, sonstige Gegenstände wie Marktbuden, Stühle etc. inklusiv Rücknahme, Reparatur und Abrechnung; Reparatur von Gegenständen (interne Geräte und Ausleihgegenstände); Lagerhaltung; Zuteilung der bauhofeigenen Fahrzeuge zu Mitarbeitern/Trupps.

Die Komplexität dieser Optimierung ist hoch. TUG ist ein interner Dienstleister, der im Auftrag von anderen Ämtern Aufgaben ausführt. So sind für die Leistungserbringung mehrere Ämter der Herrenberger Stadtverwaltung nötig. Zusätzlich greifen die Aufgabenbereiche TUG-intern ineinander. Am Prozess der Schilderausleihe wird dies deutlich. Braucht ein Bürger Parkverbotsschilder für die Organisation seines Umzuges, dann stellt er hierfür einen Antrag im Ordnungsamt, dieses muss eine Anordnungsverfügung mit einem Auftrag an TUG weitergeben, um dort den Ausleihprozess anzustoßen. In TUG selbst sind die Lagerhaltung, ggf. die Reparaturwerkstatt und auch der Fuhrpark betroffen. Soll das gesamte Optimierungspotenzial gehoben werden, das in dem Geschäftsprozess liegt, müssen sich alle Ämter auf einen gemeinsamen Soll-Prozess mit kompatiblen Anwendungssystemen einigen. Dies ist nicht einfach. Bisheriges Silodenken muss aufgebrochen und ämterübergreifend gedacht werden. Dies stellt die erste große Herausforderung dar, da jedes Amt seine eigenen Zwänge, seine eigene Subkultur und seine eigenen Strukturen hat. Bisher – auch noch in Phase 1 – wurde belohnt, wenn das Denken an der eigenen Amtsgrenze endete. Die jetzige Stufe der Geschäftsprozessoptimierung, die Digitalisierung mit Automation beinhaltet, bringt jedoch Veränderungen in einem Amt mit sich, die zwangsweise zu Veränderungen im anderen Amt führen. Beispielsweise braucht ein Ordnungsamt eine Übersicht über zur Verfügung stehende Schilder für den Umzugstermin auf Knopfdruck, bevor es dem Bürger die Ausleihe bestätigt und einen internen Auftrag auslöst, der automatisch mit der erstellten Anordnungsverfügung an TUG geht. Das Anwendungsprogramm zur Schilderverwaltung existiert jedoch noch nicht und muss erst beschafft und eingeführt werden. Die Arbeit, die damit verbunden ist, bleibt allein bei TUG hängen. Die Vorteile der Auskunftsfähigkeit bleiben schwerpunktmäßig beim Ordnungsamt.

Eine zweite, große Herausforderung liegt im Schaffen kompatibler Anwendungssysteme. Jedes Amt hat seine Anwendungssysteme im Einsatz, die mehr oder weniger optimal auf dessen Belange ausgerichtet sind. Da die Anwendungssysteme verhältnismäßig alt sind, gibt es kaum offene Schnittstellen zum Datenaustausch und sie sind selten kompatibel. Meist wird auch mobiles Arbeiten durch diese Anwendungssysteme noch nicht unterstützt. Beispielsweise werden alle Aufträge in einem Anwendungssystem erfasst, das es nicht erlaubt, den Mitarbeitern auf ihre Smartphones oder Tablets auftragsbezogene Rapportzettel zu übertragen. So müssen die Mitarbeiter ihre Rapportzettel in Papierform erhalten, ausfüllen und abgeben. Die TUG-Verwaltung tippt dann die Daten von den abgegebenen Rapportzetteln bei den angelegten Aufträgen ein, um daraus wieder „Papier“ für die Rechnungsstellung zu generieren und an die Kämmerei zu schicken.

Vision ist es, dass TUG alle Aufträge, Materialien und Geräte online verwaltet, Rapportzettel digital vorliegen und durch das Eintragen von Bearbeitungszeiten, die Übernahme von Kilometerständen aus einem digitalen Fahrtenbuch etc. automatisch die Daten auf den Auftrag gebucht und die Abrechnung nach dem Abzeichnen von „sachlich richtig" angestoßen werden. Geht eines der Geräte bei der Auftragserledigung kaputt und muss in Reparatur, soll automatisch mit der Übergabe in der Reparaturwerkstatt die Verbuchung im Verfügbarkeitsbestand erfolgen und gleichzeitig geprüft werden, ob bestehende Aufträge hierdurch betroffen sind und – falls ja – eine Warnmeldung bei den für die Auftragsbearbeitung zuständigen Mitarbeitern erfolgen. Der Weg dorthin ist noch weit, weil die in der Industrie bereits vorhandenen Systeme nicht 1:1 eingesetzt werden können. Doch wird die freigesetzte Tatkraft der TUG-Mitarbeiter diese Hürden über kurz oder lang meistern. Ob und wie sich die Gesamtorganisation ämterübergreifend arrangiert, wird dabei eine große Rolle spielen.

4 Ausblick

Grundsätzlich macht das hier vorgestellte Beispiel des städtischen Bauhofs Herrenberg Mut, die Selbstorganisation auch auf andere Verwaltungsbereiche auszudehnen. So ist TUG selbst derzeit dabei, im Rahmen eines Anschlussprojektes zu prüfen, inwieweit die Selbstorganisation über den Bauhof hinaus auf das ganze Amt ausgedehnt werden kann. Dazu wurde bereits – ausgehend von einem eigens dafür entwickelten Messmodell – der Selbstorganisationsreifegrad der anderen Organisationseinheiten (Stadtgärtnerei, Elektrobereich, Verwaltung) ermittelt. Basierend auf den Ergebnissen wird in einer gemeinsamen Konzeptphase überlegt werden, welche neue Organisationsform das Amt haben soll. In einer sich daran anschließenden Prototypenphase wird diese neue Organisationsform dann erprobt werden. Damit orientiert sich das weitere Vorgehen konsequent an den Prinzipien integrierter Organisationsentwicklung und das „Experiment Bauhof" zieht auch in dieser Hinsicht weitere Kreise.

Ob städtischer Bauhof, Straßenmeistereien, Bürgerservice, Projekteinheiten im Stadtplanungsamt usw. – es gibt keinen Bereich der Verwaltung, wo agile, auf Selbstorganisation basierende Organisationseinheiten nicht prinzipiell vorstellbar wären. Allerdings ist Selbstorganisation kein Ersatz für schlechte Führung. Im Gegenteil, der Weg in die Selbstorganisation ist sehr anstrengend für die Führungskräfte an der Spitze der jeweiligen Organisationseinheit und für die mittleren Führungskräfte müssen – je nach Form der strukturellen Agilität – neue Aufgaben und Funktionen gefunden werden. Darüber hinaus sind viele Effekte der Selbstorganisation auch abbildbar durch professionelle Führungskräfte mit einem partizipativen, mitarbeiterorientierten Führungsverständnis. Und nicht zuletzt eignet sich auch nicht jede Organisationseinheit für den Weg in die Selbstorganisation, weil sie möglicherweise nicht über die geeigneten Rahmenbedingungen und Voraussetzungen verfügt. Gemäß eines guten Veränderungsmanagements ist

C. Schneider et al., *Start-Up Städtischer Bauhof*, essentials,
https://doi.org/10.1007/978-3-658-29464-9_4

daher immer zunächst zu bestimmen, wozu, aus welchen Gründen und mit welchem gewünschten Effekt eine Organisationseinheit agiler werden soll und welche Grundlagen sie für dieses Vorhaben bereits mitbringt. Darauf aufsetzend, kann der Weg der Transformation geplant und gesteuert werden.

Was Sie aus diesem *essential* mitnehmen können

- Eine Idee dazu, wie Geschäftsprozessmanagement, Agilisierung der Organisationsstruktur und Personalentwicklung ineinandergreifen und so die Digitalisierung vorantreiben
- Hintergrundwissen darüber, welche Potenziale in einem städtischen Bauhof stecken
- Detailkenntnisse dazu, welche Lösungen bei der Umstellung auf Selbstorganisation gefunden wurden und welche Effekte sich daraus ergeben haben
- Anregungen zur Prozessgestaltung, die Sie für Ihre eige Organisationsentwicklung nutzen können

C. Schneider et al., *Start-Up Städtischer Bauhof*, essentials,
https://doi.org/10.1007/978-3-658-29464-9

Literatur

Aulinger, A. (2017). *Selbstorganisation – Ein Organisationsprinzip für Agilität.* Berlin: Steinbeis-Hochschule Berlin und Institut für Organisation & Management.

Bahcall, S. (2019). The innovation equation. The most important variables are structural, not cultural. *Harvard Business Review, 2019*(March–April), 74–81.

Bauer, C., Hohl, E., & Zirkler, M. (2019). Der lange Weg zur Holakratie. *Organisations-Entwicklung, 38*(2), 37–44.

Bernstein, E., Bunch, J., Canner, N., & Lee, M. (2016). Beyond the holacracy hype. *Harvard Business Review, 7*(8), 38–49.

Bittelmeyer, A. (2014). Tschüss Chef! Führung ohne Führungskräfte. *Managerseminare, 7,* 18–23.

Blanke, B., & Schridde, H. (2001). Wenn Mitarbeiter ihre Orientierung verlieren. *Zeitschrift für Politik, 3,* 336–356.

de Jong, A., de Ruyter, K., & Lemmink, J. (2004). Antecedents and consequences of the service climate in boundary-spanning self-managing service teams. *Journal of Marketing, 4,* 18–35.

Dionne, S. D., Atwater, L. E., & Spangler, W. D. (2004). Tranformational leadership and team performance. *Journal of Organizational Change Management, 4,* 77–193.

Doppler, K., & Lauterburg, C. (1998). *Change Management: Den Unternehmenswandel gestalten.* Frankfurt: Campus.

Ebner, G., & Kramer, C. (2013). Veränderungsmanagement im öffentlichen Dienst – ein Praxisbeispiel. *Journal für Psychologie*, 21 (3), Identität und Wandel in Organisationen. https://www.journal-fuer-psychologie.de/index.php/jfp/article/view/307/339. Zugegriffen: 1. Aug. 2019.

Etscheid, M. (2013). Blindflug ohne Ziel. Zur Effektivität von Veränderungen in der öffentlichen Verwaltung. *OrganisationsEntwicklung, 1,* 29–37.

Fischer, C., Keck, S., Speicher, J., & Witt, A. (2019). Erfolgsgarant Selbstorganisation? *Ein Erfahrungsaustausch in der Konzernwelt. OrganisationsEntwicklung, 38*(2), 4–11.

Gehrckens, H. M. (2016). Agilität im Kontext der digitalen Transformation – Kernanforderungen an die Organisation von morgen. In G. Heinemann (Hrsg.), *Digitale Transformation oder digitale Disruption im Handel* (S. 79–108). Wiesbaden: Springer Fachmedien. https://doi.org/10.1007/978-3-658-13504-1_4.

C. Schneider et al., *Start-Up Städtischer Bauhof,* essentials,
https://doi.org/10.1007/978-3-658-29464-9

Glogner, B., & Rösner, D. (2017). *Selbstorganisation braucht Führung – Die einfachen Geheimnisse agilen Managements* (2. Aufl.). München: Hanser.

Grüninger, S. (2014). *Zwischen Kreisverwaltung und Kreispolitik. Die politische Dimension der Führungsarbeit in der Landkreisverwaltung*. Wiesbaden: Springer Gabler.

Hackl, B., Wagner, M., Attmer, L., & Baumann, D. (2017). *New Work: Auf dem Weg zur neuen Arbeitswelt – Management-Impulse, Praxisbeispiele, Studien*. Wiesbaden: Springer Fachmedien GmbH.

Hamel, G. (2011). First, let's fire all the managers. *Harvard Business Review*. https://hbr.org/2011/12/first-lets-fire-all-the-managers. Zugegriffen: 18. Dez. 2019.

Janssen, R., & Wagner, S. (2019). Agil trotz Hierarchie. Führungsformate für hybride Organisationen. *Managerseminare, 260*(11), 18–25.

Kazmaier, H., Oberholzer, G., & Eichholzer, A. (2014). *Customer Journeys: Kunden verstehen und mit phänomenalen Customer Journeys übersättigte Märkte erobern* (2. Aufl.). Berlin: epubli.

Keicher, I., Bohn, U., Anke, T., Crummenerl, C., Gerhard B., & Mergenthal, N. (2012). Digitale Revolution. Ist Change Management mutig genug für die Zukunft? CapGemini. https://www.capgemini.com/consulting-de/wp-content/uploads/sites/32/2017/08/change_management_studie_2012_0.pdf. Zugegriffen: 5. Aug. 2019.

Klinger, S., & Güttel, W. H. (2013). Paradoxien des Wandels rund um die Abschaffung der Stempelmarke. Zur Bedeutung von Legitimitätsliquidität in Veränderungsprozessen. *Austrian Management Review, 3,* 20–27.

Laloux, F. (2015). *Reinventing Organizations – Ein Leitfaden zur Gestaltung sinnstiftender Formen der Zusammenarbeit*. München: Vahlen GmbH.

Lim, W. S., & Yazdanifard, R. (2014). A multidimensional review on organizational change's perspectives, theories, models, and types of change: Factors leading to success or failure organizational change. *Global Perspective on Engineering Management, 3*(2), 27–33.

Locke, E. A. (2003). Leadership, starting at the top. In C. L. Pearce & J. A. Conger (Hrsg.), *Reframing the hows and whys of leadership* (S. 271–284). Thousand Oaks: Sage.

Müller, K., Straatmann, T., Hörning, U., & Müller, F. (2011). Besonderheiten des Change Managements in öffentlichen Verwaltungen. *Verwaltung & Management, 4,* 211–218.

Nobile, N., & Hornung, S. (2019). Die 7 Dimensionen von new pay. *Managerseminare, 260*(11), 26–35.

Pearce, C. L., & Conger, J. A. (2003). All those years ago, the historical underpinnings of shared leadership. In C. L. Pearce & J. A. Conger (Hrsg.), *Reframing the hows and whys of leadership* (S. 1–18). Thousand Oaks: Sage.

Pfläging, N. (2018). *Organisation für Komplexität*. München: Redline. http://www.fachsymposium-empowerment.de/Verschiedenes/978-3-86881-570-2.pdf. Zugegriffen: 10. Aug. 2019.

Sattelberger, T., Welpe, I., & Boes, A. (Hrsg.). (2015). *Das demokratische Unternehmen*. Freiburg: Haufe-Lexware GmbH & Co. KG.

Schäfer, F. (2005). *Change Management für den öffentlichen Dienst* (1. Aufl.). Hamburg: Murmann.

Schäfer, F., & Raumann, M. (2009). Change Management für den Öffentlichen Dienst. *OrganisationsEntwicklung, Zeitschrift für Unternehmensentwicklung und Changemanagement, 2,* 32–40.

Schedler, K., & Proeller, I. (2011). *New public management* (5. Aufl.). Bern: Haupt Berne UTB.

Singler, S., Oberli, M., Baldinger, G., Guenduez, A. A., Schedler, K., & Tomczak, T. (2019). Smart Government: Ein Handbuch für Führungskräfte aus Politik und Verwaltung. Wie Führungskräfte aus Politik und Verwaltung Smart Government in der Schweiz fördern können. PWC & Universität St. Gallen. https://www.alexandria.unisg.ch/257332/2/2019%20PwC%20-%20Handbuch%20Smart%20Government.pdf. Zugegriffen: 8. Aug. 2019.

Steck, T. (2019). *Auswirkungen der Selbstorganisation auf Organisationen und Mitarbeitende am Beispiel des Bauhofs Herrenberg.* Unveröffentlichte Masterarbeit. Hochschule für öffentliche Verwaltung und Finanzen Ludwigsburg.

Tuckman, B. W. (1965). Developmental sequence in small groups. *Psychological Bulletin, 63*(6), 384–399.

Uebernickel, F., Brenner, W., Naef, T., Pukall, B., & Schindlholzer, B. (2015). *Design Thinking: Das Handbuch* (2. Aufl.). Frankfurt a. M.: Frankfurter Allgemeine Buch.

Vahs, D. (2012). *Handlungsfelder des Change Managements* (8. Überarbeitete, erweiterte Aufl.). Stuttgart: Schäffer-Poeschel.

Von Kyaw, F. & Claßen, M. (2010). Change Management Studie 2010. CapGemini. https://www.google.com/url?sa=t&rct=j&q=&esrc=s&source=web&cd=3&cad=rja&uact=8&ved=2ahUKEwjV2omJpvXjAhWNw8QBHWd9C8YQFjACegQIBRAC&url=https%3A%2F%2Fwww.mana,gement-coaching.org%2Fsites%2Fdefault%2Ffiles%2FChange_Management_Studie_2010_0.pdf&usg=AOvVaw2e5jyPfo3BVlXfapvIoCEs. Zugegriffen: 5. Aug. 2019.

Zeuch, A. (2015). *Alle Macht für Niemand – Aufbruch der Unternehmensdemokraten.* Hamburg: Murmann.